KB043439

교실 갈등을 해결하는 긍정훈육

원칙과 신뢰와 존중이 살아있는 교실 만들기

나는 경험이라는 오직 하나의 등불에 의지해 발을 옮긴다.
나는 과거에 의지해 미래를 판단하는 방법 외에 아는 것이 없다.

패트릭 헨리(미국의 독립혁명 지도자)

해마다 나는 새로운 얼굴로 가득 찬 교실 앞에 선다. 그중에는 교실로 들어서면서 활짝 웃는 얼굴로 "안녕하세요?" 하고 인사하는 학생들이 있다. 교실 분위기를 명랑하게 하며 매사가 늘 즐거운 아이들이다. 반대로 수업시간이 다 돼서야 구부정한 자세로 교실로 들어오는 학생들도 있다. 이 아이들은 교실 맨 뒷줄로 걸어가 의자에 털썩 주저앉는다. 그리고는 교사에게서 아무것도 배우려 들지 않는다. 나는 학생들의 이런 모습들이 참 흥미롭다. 학생들의 얼굴을 훑어보다 보면 마치 책으로 가득 쌓인 서점에 들어설 때와 같은 기대감에 흥분되고 마음이 설렌다. 학생 한 명 한 명이 나에게는 읽고 싶어 미칠 것 같은 책과 같다.

생각해보면 우리 모두 학생이었던 시절이 있다. 선생님이 알아봐주고 믿어주고 이끌어주기를 바라는 마음은 학생이라면 누구나 품기마련이다. 요즘 학생들도 별반 다르지 않다. 교실은 단지 콘크리트 벽으로 둘러쳐진 곳이 아니다. 모든 책이 다르듯, 교실을 꽉 채우고 있는 아이들은 저마다 다른 독특한 개성으로 똘똘 뭉쳐 있다. 또 저마다 다른 방식으로 자신을 알아봐 주고 인정해달라고 아우성치고 있다. 그러므로 교사는 학생 한 명 한 명에 대해 잘 알아야 한다. 그저 수업을 듣는 학생 누구 정도로는 안 된다. 고유한 개성을 지닌 인격체로 학생을 이해해야 한다. 물론 말처럼 쉬운 일이 아니다. 교실에서는 늘 문제가 일어나기마련이며, 교사와 학생이 부딪치는 갈등 상황은 다양하고 그 동기도 다다르다. 과연 학생들을 가르치기 위해 교사로서 필요한 원칙을 지키면서 학생을 신뢰하고 존중하는 것이 어떻게 가능할까?

나는 지난 30년간 교사생활을 하면서 수많은 시행착오를 겪었다. 덕분에 교실 속 다양한 갈등 상황에서 교사가 학생에게 다가갈 수 있는 최선의 방법을 찾는 실마리를 얻을 수 있었다.

우선 나는 새 학년을 시작하기 전에, 교실규칙과 이를 어겼을 때 취할 후속조치를 명확히 정한다. 그리고 이 규칙을 반드시 실행한다. 그 래야 긍정적인 교실 분위기 속에서 '교사는 가르치고 학생은 배우는 시 간'이 늘기 때문이다.

새 학년 초, 첫 수업이 끝나면 학생들은 삼삼오오 모여서 교사들 을 '멋진' 선생님, '비열한' 선생님, '제정신이 아닌' 선생님, '무서운' 선생 님, '만만한' 선생님 등등의 호칭으로 부르며 이야기를 나눈다. 교사들 도 첫날, 교실을 가득 채운 학생들의 얼굴을 죽 훑어본다. 그리고 잘 알 지 못하는 학생이라도 어떻게 대하면 좋을지를 직감적으로 알아차린다. 물론 그 직감이 맞을 때도 있고, 틀릴 때도 있다. 하지만 새 학년 첫날에 교사는 학생들의 머릿속에 '선생님은 긍정적인 교실 분위기를 만들기 위해 필요하다면 무엇이든 할 수 있다.'는 의지를 각인시켜야 한다. 그것 만으로도 새 학년이 본격적으로 시작되기 전에 교실에서 일어나는 문제 의 80퍼센트 정도를 사전에 막을 수 있다.

그러고 나면 남은 문제 20퍼센트는 철학적인 접근이 필요하다.

즉, 인간은 누구나 기본적으로 인정받고 싶어 하고 어딘가에 속하고 싶어 한다는 사실을 기억해야 한다. 특히 교사는 학생들을 대할 때 이 사실을 잊지 말아야 한다.

이런 이유로 나는 무턱대고 가르치려 드는 방식으로 학생을 훈육하지 않는다. 대신 교실 갈등을 몇 가지 유형으로 일반화하여 학생의 행동을 개선할 효과적인 방법을 찾으려고 노력한다. 예를 들어 반항하는 학생에게 가장 좋은 훈육방법은 통제력과 선택권을 주는 것이다. 마찬가지로 눈에 띄지 않는 학생에게는 관심받고 있다는 느낌을 주는 것이, 교사를 조종하는 학생에게는 남에게 피해를 입히기보다는 도움을 주는 사람이 되도록 유도하는 것이 가장 좋은 훈육방법이다.

마지막으로, 이 모든 것에 앞서 나는 교실에서 보이는 모습에 관계없이 학생들을 열린 마음으로 품어주고 믿어주려고 노력한다. 그것만큼 교사와 학생의 관계를 긍정적으로 만들어주는 것은 없기 때문이다.

작년에 있었던 일이다. 졸업앨범 작업을 하는 분이 졸업생들에게 아기 때 찍은 사진을 한 장씩 가져오라고 했다. 그런 다음 그 사진으로 콜라주를 만들어 졸업앨범을 보는 사람에게 사진 속 아기가 누구인지 알아맞히게 했다. 아기 때 얼굴과 지금 얼굴이 아주 비슷한 학생들도 있었지만, 얼굴이 완전히 달라져 도무지 알아맞히기 힘든 학생들도 있었다. 사람들은 대부분 아주 재미있어했다. 하지만 나는 그 사진들을 보고 눈물이 핑 돌았다. 사진 속 아기의 얼굴이 모두 사랑스럽고 순수했으며 믿음직했기 때문이다. 이날 이후 나는 수업시간에 학생 몇몇이 나를 힘들게 할 때면 사진 속 아기의 얼굴을 떠올리려고 애쓴다.

　　모든 학생은 본성이 선량하다. 나는 그렇게 믿는다. 교실에서 심각한 갈등을 일으켜 나를 힘들게 하는 학생들을 대할 때도 이러한 믿음은 변하지 않는다. 인간은 누구나 동전의 양면처럼 부정적인 면과 긍정적인 면이 모두 있다. 아무리 교사를 힘들게 하는 학생이라도 조금만 달리 보면 굉장히 용감하고 상황을 꿰뚫어볼 줄 알며 정직하고 도전정신 또한 투철한 아이들로 보일 수 있다. 고정관념을 버리고 아무 편견 없이 학생들을 진심으로 믿어주고 존중해준다면 학생들은 어느새 교사를 열렬히 믿고 따르게 될 것이다.

이 책은 지난 30년간 내가 학생들을 가르치며 겪은 시행착오를 바탕으로 쓴 것이다. 이 책에 등장하는 아이들의 이름은 모두 가명이다. 하지만 일화들은 모두 실제로 있었던 일들이다. 그 일화를 바탕으로 나는 이 책에 교사를 당황하게 하는 학생을 10가지 유형으로 집약해놓았다. 학생을 이해하려고 애쓰는 교사들에게 이 책이 유용한 도움을 줄 것이다. 특히 교사가 감당하기 힘든 까다로운 학생들을 이해하는 데 큰 역할을 할 것이다. 또 내가 해마다 학생들과 함께 하는 수업자료와 활동지를 실어 여러분의 수업에 참고자료로 활용할 수 있게 했다.

단, 이 책을 읽을 때 감안할 점이 있다. 학생들은 대부분 한 가지 유형이 아닌, 몇 가지 유형을 넘나든다는 사실이다. 나는 청소년 시절에 반항아나 부적응 학생으로 불렸고, 심지어 '평범한 학생'으로도 불렸다. 어떤 수업, 어떤 교사, 혹은 내가 어떤 심리상태였느냐에 따라 다르게 행동한 게 사실이기도 하다. 그렇기 때문에, 다시 한 번 강조하지만, 학생들을 대할 때 고정관념을 가져서는 안 된다. 한창 자라나는 청소년기 아이들은 굉장히 역동적이고 복잡한 존재이다.

나는 삶의 대부분을 교사로 살았다. 내가 좋아하는 시인 가운데 한 사람인 랭스턴 휴스(Langston Hughes)는 이렇게 썼다. "나는 지금까지 수많은 강을 보았다. … 내 영혼은 강과 함께 성장했다." 그렇다. 나 역시 많은 학생들을 만났다. 내 삶은 이 아이들의 이야기로 풍성해졌다. 이제 내가 배운 것들을 여러분에게 전해주고 싶다.

차례

1장

평범한
아이들

학교를 다니는 대다수 학생은 평범한 아이들이다. 이 학생들은 가능한 한 최상의 교육을 받기 위해 학교에 온다. 그러나 교사의 시간과 관심은 다른 아홉 가지 유형에 속하는 몇몇 학생들에 대한 훈육으로 소진되는 경우가 많다. 아무리 평범한 아이들이라 해도 수업시간에 자신들의 합당한 권리를 포기해야 하는 상황이 발생하면 그 가운데 몇몇 학생은 부정적인 태도로 돌변하기도 한다.

물이 본래 아래로 흐르듯
사람의 본성도 선하다.

———————

맹자(중국 유교 사상가)

수많은 교사들이 공감하듯, 학교에 다니는 거의 모든 학생들은 '평범한 아이들'이다. "수업할 때 그 녀석만 없으면 얼마나 좋을까요? 다른 학생들이 수업을 못 듣게 늘 방해하거든요." 교사들이 하는 이런 말에서도 이 아이들은 그저 '학생'으로 표현된다.

이 학생들은 학교를 결석하는 법이 없다. 학교에서 무엇을 해야 하는지도 잘 안다. 또한 이루고 싶은 목표가 있으며 그 목표를 성취하는 데 필요한 과정으로 학교를 인식한다. 교실에서 문제를 일으키는 일은 드물고, 오히려 교사와 친구들을 성심껏 도와준다. 가정에서는 학교생활을 열심히 하라는 가족들의 진심 어린 격려를 받는다. 이렇듯 '평범한 아이들'은 대개 무언가를 배우려고 학교를 다닌다.

그런데 교사는 수업을 훼방 놓는 몇몇 학생들 때문에 정작 수업에 집중하지 못하고 엉뚱한 곳에 관심을 쏟느라 시간을 낭비하는 일이 많다. 교사가 수업을 통제하려고만 들면 교실 분위기는 험악해지기 십상이다. 그리고 아이러니하게도 이런 분위기에서 몇몇 평범한 학생들이 반발할 수도 있다.

소속감을 느끼게 하라

모든 아이들의 본성은 선량하다. 나는 그렇게 믿는다. 그러나 살다 보면 자신의 의지와 상관없는 외부적 요인이 작용하기 마련이다. 이것이 아이들 자신은 물론이고, 살아가며 마주치는 사람들에 대한 인식 방식을 바꾸어놓기도 한다. 특히 권위적인 사람들을 마주할 때는 더욱 그러하다.

해마다 나는 교실 문을 들어서는 자신감 넘치는 학생들을 웃으며 맞이한다. 학생들은 어쩌면 개학을 해 학교에 다시 다녀야 하는 게 못마땅할지도 모른다. 그러나 교사인 내게 이 학생들은 절호의 기회를 안겨다 주는 소중한 아이들이다. 교실 문을 들어서는 아이들 가운데에는 친구들과 수다를 떠느라 나를 거들떠보지도 않는 아이들이 있다. 나와 눈을 마주치지 않으려는 아이들도 있다. 또는 반항심 가득 찬 눈으로 나를 노려보는 아이들도 몇몇 섞여 있다. 나는 이 아이들을 재빨리 포착하지 않으면 안 된다는 걸 알고 있다.

새 학년 첫 주에 나는 공동체 문화와 교실규칙을 만드는 데 시간을 많이 할애한다. 그리고 이번 교육과정이 얼마나 흥미로운지 학생들에게 설명하는 시간도 갖는다. 내 목표는 두 가지다. 하나는 교실의 모든 학생들에게 관심을 쏟는 일이다. 다른 하나는 학생들에게 어떤 행동이 규칙 위반이고 교사인 내가 그것을 어떻게 해결하는지 알게 하는 것이다.

—— 학생 정보 모으기

학년 초가 되면 나는 학생들에 관한 정보를 모은다. 가령 출석부에 기록된 이름과 다르게 불리는 학생이 있는지 수업 전에 미리 알아놓는다. 이것은 상담교사들에게 물어보면 쉽게 알 수 있다. 한 예로, 나는 처음 출석을 부르던 날 '허버트'라는 이름을 가진 남학생을 '쿠터'라고 불러준 적이 있었다. 간단한 방법이지만 그날 나는 교사로서의 나의 가치를 한껏 끌어올릴 수 있었다. 사실 허버트를 만난 적은 단 한 번도 없었다. 그러나 '쿠터'로 불러보라는 한 교사의 귀띔 덕분에 첫날부터 학생들에게 친근한 인상을 줄 수 있었다.

나는 학생들이 교실로 들어올 때 유심히 관찰한다. 그리고 가장 시끄럽게 떠드는 학생들의 이름을 신속히 외우려고 애쓴다. 또 학생들에게 자리를 정해주지 않고 학생들이 어디에 앉았는지 간단히 그림을 그려 나만의 출석부를 만든다. 학생들은 다음 수업시간에도 대개 같은 자리에 앉기 때문에 내가 만든 출석부로 나는 한 주가 끝나기도 전에 학생들의 이름을 모조리 외울 수 있다. 나중에는 두세 명 정도 학생에게 자리를 정해 옮겨 앉도록 하는 경우도 있는데, 학습에 도움이 된다는 판단이 설 때이다.

나는 학생들이 선택한 자리를 빼앗고 싶지 않다. 물론 훌륭한 교사들이 나와 반대로 학생들의 앉는 자리에 대해 엄격하다는 걸 안다. 이 교사들은 모범적인 행동을 한 학생들에게 보상으로 앉고 싶은 자리를 선택할 수 있는 특권을 준다. 말고삐를 죄기보다 느슨하게 하는 편이 훨씬 쉽다는 건 진리이다. 하지만 나는 쉬워서가 아니라 편안한 분위기에서 내가 일을 더 능률적으로 한다는 걸 알기 때문에 자리를 굳이 정하지 않은 것이다. 나는 늘 내가 학창시절로 다시 돌아간다면 좋아할 만한 그런 교실 분위기를 만들려고 노력한다.

새 학년 첫 수업은 대체로 일찍 끝난다. 그래서 아이들은 여기저기 기웃거리거나 새 학년 환영모임에 참가하기도 한다. 보통 이날 나는 교육과정과 내 소개를 하고 나서 수업계획표와 수업 안내문을 나누어 준다. 그리고 학생들에게 부모님 연락처와 자신의 생일(나는 한 해 동안 맡은 중학생은 물론 고등학생들의 생일도 축하해주고 싶다!)을 기록할 양식을 나눠주고 작성하게 한다(부록 193페이지 참조). 이 답변은 학생들이 배우고 싶은 게 무엇인지 대략적 힌트를 얻는 데 도움이 된다.

또 수업 첫날, 내가 학생들에게 내주는 특별한 숙제가 있다. 금요일까지 자신이 가장 좋아하는 글귀(오랫동안 감동받았거나 지혜를 주는 명언)를 골라오게 한다. 그리고 금요일이 되면 학생들에게 20×60센티미터

크기의 직사각형 보드지를 나눠주고 준비한 글귀를 적어 교실 벽에 붙이게 한다. 이날의 마지막 수업은 놀라움 자체라고 해도 과언이 아니다. 교실 분위기가 몰라보게 달라지기 때문이다. 텅 비어있던 교실 벽면이 알록달록한 색과 글귀들로 빼곡히 들어차 몇몇 학생들은 자신이 준비해 온 글귀를 붙이지 못할까 봐 안달하기도 한다.

나는 이렇게 붙여진 글귀들을 보며 학생들의 세계관에 대한 실질적인 통찰을 시작하기도 한다. 나 또한 내가 좋아하는 글귀를 두세 개 정도 붙이고 수업할 때 자주 인용한다. 학생들도 서로의 글귀를 그해 내내 에세이를 쓸 때 활용한다.

─── 교실규칙 시험

새 학년 둘째 날부터 다섯째 날까지는 학생들에게 교실규칙과 이를 지키지 않을 때 취해질 후속조치에 관해 매일 조금씩 되풀이해서 설명한다. 우선 나는 교실규칙에 관한 서약서를 나누어주고 내가 아이들에게 기대하는 것이 무엇인지 설명한다. 이를테면, 그 주의 마지막 날에 교실규칙에 대한 시험이 있을 것이라고 알린다. 시험의 목적은 규칙을 잘 인지했는지 확인하는 데 있음을 강조한다(부록 198페이지 참조). 그리고 나는 아이들에게 시험에서 모두 좋은 점수를 받을 것이라는 강력한 믿음을 보여준다. 이러한 믿음은 매일 수업 중 몇 분간 학생들과 규칙을 익히면서 확실해진다. 어느 순간 불쑥 질문을 던진다. "한 번 지각하면 어떻게 되죠?" "구두경고를 무시하면 어떻게 되죠?" 답을 아는 학생이 많으면 나는 마치 깜짝 놀란듯 연기한다. 그러면서 시험 날에는 눈 감고도 답을 쓸 수 있을 거라고 학생들에게 또다시 자신감을 불어넣어 준다. 어떨 때는 "내가 '다른 친구들을 방해하지 마세요!'라고 하면 어떻게 해야 할까요?"라고 묻고는 그 답을 연기하기도 한다.

웬만하면 나는 학생들을 즐겁고 마음 편하게 해주고 싶다. 또한 내가 진심으로 학생들 편에 있음을 아이들이 알았으면 한다. 확신과 믿음을 줘야 내가 기대하는 대로 아이들은 규칙을 따를 것이다. 또한 아이들 각자 목표를 이루는 데 필요한 최적의 교실 분위기가 만들어진다. 따라서 나는 학생들이 나의 수업시간에 어떻게 행동해야 하는지 세세한 부분까지 파악하도록 애쓴다. 특히 규칙을 지키지 않으면 어떤 결과가 따르는지 훤히 숙지하도록 노력한다.

평범한 아이들을 적으로 돌리지 마라

평범한 아이들은 대개 수업준비가 된 상태로 교실에 들어온다. 교사의 지시도 곧잘 따른다. 수업에 흥미를 끌어내지 못하거나 집중해서 가르치지 못하는 교사라도 잘 참아낸다. 교사와 학생 사이의 치열한 신경전으로 수업시간이 축나는 데도 익숙하다. 어쩌다 수업이 중단되는 사건이 발생해도 이 아이들은 조용히 제자리에 앉아 수업이 재개되기를 기다린다. 잠시 숙제를 하거나 들고 온 책을 읽는 학생들도 있다. 교사가 학생들을 서툴게 대해 그 학생들 편을 드는 경우가 아니라면, 평상시 이 아이들은 수업시간에 그다지 문제를 일으키지 않는다.

교사가 학생들을 어떻게 대하는가는 학생들의 태도에 중요한 영향을 끼친다. 그래서 훈육을 하는 교사들은 학생들의 잘못된 행동만 꾸짖어야지 인신공격을 해서는 절대 안 된다. 대부분의 학생들은 이미 교실에 들어서기 오래전부터 수없이 실수나 단점에 대해 꾸지람을 들은 상태이다. 특히 심각한 문제를 일으키는 학생들은 교사가 내뱉는 사소한 비난에도 방어기제가 무의식적으로 작동하는 경우가 많다. 그래서 약간의 자극에도 쉽게 폭발하기도 한다. 교사가 대하기 가장 까다로운 학생 중에는 자아는 엄청나게 강한데 자신감은 바닥인 아이들도 있다. 이런 학생의 콧대를 좀 꺾어보겠다고 잔소리를 하다가는 오히려 교실에 있는 학생 전부를 교사의 적으로 만드는 역효과를 내기도 한다.

나의 둘째 딸도 고등학생 때 비슷한 경험을 했다. 나는 딸 셋을 키우고 있는데, 둘째는 학교규칙을 단 한 번도 어긴 적이 없던 아이였다. 그 사건이 터지기 전까지는 생활기록부에 평범한 아이로 남을 수도 있었다. 사건의 전모는 이렇다. 딸아이의 교사는 강압적이고 엄격한 방식으로 학생들을 통제하고 있었다. 교사에게 복수심이 일었던 아이들은 교사가 학생 한 명을 교무실로 데려간 몇 분 사이에 교실 벽에 걸린 그림들을 전부 거꾸로 뒤집어놓았다. 교실에 남은 아이들이 꾸민 못된 장난에 둘째 딸도 자발적으로 가담했다고 한다. 교사가 조금만 지혜롭게 대처했다면 아이들의 이런 장난쯤은 충분히 웃어넘기고 수업을 진행할 수도 있었다. 그러나 교사는 감정이 폭발했고 범인을 찾는 데 엄청난 시간을 허비했다고 한다. 물론 아무도 자백하지 않았다. 딸아이는 당시에 그 장난이 아주 재미있었다고 했다. 심지어 수업 내내 교사가 화를 내는데도 눈 하나 꿈쩍하지 않았다고 말했다. "수업시간에 고함을 지르지 않는 날이 없으니까." 딸아이의 이유였다. 교사는 학생들에게 공동체 의식을 심어주는 사람이다. 학생들과 교사가 함께 힘을 모아 공동의 목표를 이룰 수 있다면 가장 이상적인 관계이다. 그러나 아쉽게도 딸아이의 교사는 학생들에게 자신을 경멸하도록 공동체 의식을 심어준 셈이다.

교사가 평범한 아이들에게 저지르는 또 하나의 실수가 있다. 이 아이들을 본보기로 삼아 다른 학생의 잘못된 행동을 훈육하려는 방식이다. 이럴 때 교사들이 습관적으로 내뱉는 말이 있다. "수지처럼 할 수는 없는 거니?" 사실 교사가 학생을 비교하게 되면 양쪽 학생 모두를 분노하게 할 뿐만 아니라, 학생들은 이런 교사를 멀리하게 된다. 또 교사들은 모둠수업을 할 때 평범한 아이들이 규율을 어기는 학생들을 어떻게든 가르치기 바라면서 둘을 한 모둠에 넣는다. 그러나 이 방법은 평범한 아이들이 교사에게 불평불만을 품게 할 뿐이다. 물론 이런 일은 충분히 일어날 수 있다. 하지만 불만을 최소화하기 위해서라도 모둠구성은 무작위로 이루어져야 하고, 구성원들도 자주 바꿔주어야 한다.

상식이 통하는 교실관리 전략을 세워라

지속적으로 문제를 일으키는 아이들과 평범한 아이들을 구분 짓는 가장 큰 특징이 있다. 평범한 아이들은 상식을 따른다는 점이다. 나는 학생들에게 고성능 '허튼소리 탐지기'에 관해 설명하는 시간을 갖는다. '허튼소리'란 비상식적인 생각을 가리킨다는 점을 분명히 밝혀둔다. 이 탐지기는 머릿속에 켜지는 작은 등불이다. 거짓을 말하거나 비상식적인 말을 듣고 비상식적인 장면을 보면 '삐~' 하고 울린다. 가령 내 탐지기는 터무니없는 텔레비전 광고를 보거나 교사나 부모님이 아이에게 "내가 하라는 대로 그냥 해!"라고 말하면 바로 울린다. 나는 학생이 숙제하는 것을 잊거나 전혀 하지 않은 경우를 제외하고도 숙제를 못 한 이유를 무려 열다섯 가지나 늘어놓더라도 그 학생을 거짓말쟁이라고 부르지 않는다. 대신에 여덟 번째 변명쯤에서 두 손으로 내 귀를 쥐고 "삐, 삐, 삐, 미안하지만 네 말을 못 알아듣겠어. 나의 허튼소리 탐지기가 울리네." 하고 말한다. 그러면 변명하던 학생과 반 아이들 모두 한바탕 크게 웃으며 긴장된 상황이 재빨리 진정된다.

교사가 잘못된 선택을 해서 학생들의 '허튼소리 탐지기'가 울리는 경우도 있다. 언젠가 수업시간에 화장실에 가도 좋은지 아닌지 여부를 놓고 큰 논쟁이 일어난 적이 있다. 단언하건데, 이 논쟁은 학생들이 이길 수밖에 없다. 여학생들 중에는 '여자들만의 문제'라고 말하면서 남자 교사를 곤란하게 만들고 즐기는 아이들이 있다. 또는 "더 이상 못 참 겠어요!"라고 말하며 아카데미 주연상이라도 줘야 할 만큼 긴박한 상황 을 훌륭하게 연기하는 학생도 있다.

나는 상식이 통하는 규칙 안에서라면 수업시간이라도 얼마든지 화장실에 갈 수 있다고 생각한다. 수업시간에 학생들에게 응급상황이 생길 경우 나는 딱 한 번 교실 밖으로 나갈 수 있도록 정했다. 단, "다른 학생들을 방해하지 마세요."라는 규칙을 반드시 따라야 한다. 화장실에 가는 동안 다른 학생들의 이목을 끄는 행동을 해서는 안 되며, 조용히 교실을 나갔다 들어와야 한다. 나는 실제로 어떻게 나가고 들어오는지 연극배우처럼 아이들 앞에서 직접 연기한다. 화장실에 다녀오는 시간도 몇 분 이내로 제한한다. 시간이 길어지면 무슨 문제라도 생긴 게 아닌 지 걱정되어 학생을 찾아나서야 하기 때문이다. 그리고 화장실 가느라 듣지 못한 수업내용은 그 학생 스스로 책임지게 한다. 다만 자신이 속 한 모둠이 칠판 앞으로 나와 교사와 함께 모둠수업을 하는 동안은 교실 을 나가지 말라고 요청한다. 이 규칙으로 학생들과 마찰을 일으켜본 적 은 거의 없다. 오히려 내가 믿어준다는 사실에 학생들은 고마워한다. 만 일 학생들의 안전을 위해 화장실 사용과 관련된 학교규칙이 이미 정해 져 있다면, 당연히 학교의 정책을 따라야 한다. 학교규칙은 교사의 통제 권 밖의 일이므로 학생들이 불만을 품는 일은 일어나지 않을 것이다.

문제가 되기 전에 예방하기 위한 소소한 규칙도 몇 가지 있다. 첫째, 나는 교실에 먹을 것과 음료수를 가져오지 못하게 한다. 교실에 컴퓨터가 있어서이기도 하지만 학생들이 과자를 먹으면 수업에 집중을 못하기 때문이다. 물병은 허용하는데, 나도 교탁 위에 물병을 가져다 놓는다. 둘째, 나는 모둠수업을 자주 하는 편이다. 그런데 칠판 앞에서 한 모둠과 수업하는 동안 다른 모둠 학생들의 이런저런 질문으로 방해받고 싶지 않아서 각 모둠마다 '접촉 학생'을 정한다. 이 학생은 컴퓨터를 다룰 줄 알고, 모둠 구성원이 사소한 문제가 생겨 도움을 요청할 때 도와줄 의향이 있으면 된다. 셋째, 수업을 마치는 종이 울리기를 기다리면서 교실 문 옆에 미리 나와 서있는 행동은 나의 교실규칙에 위배된다. 마지막으로 규칙시험을 치를 준비가 되었을 즈음, 내가 수업시간에 잠을 자도 되는 경우는 언제인지 물어보면 학생들은 웃는다. 그리고는 이구동성으로 대답한다. "절대로 안 돼요~." 그러면 나는 기다렸다는 듯이 "정답! (잠시 침묵한 뒤) 내가 안 자면 절대로 안 돼요, 하지만 내가 졸면 여러분도 졸아도 돼요."라고 덧붙인다. 학생들은 이런 식의 유머를 무척 좋아한다. 무슨 의미인지도 정확히 이해한다.

　새 학년 초에 이렇게 교실규칙의 세세한 내용들을 학생들에게 각인시키며 보내는 시간은 그만한 가치가 있다. 나중에 그해 수업시간을 훨씬 더 많이 확보해주기 때문이다. 또한 이 전략은 학생들이 문제를 일으키더라도 교사가 감정적으로 자신을 혼낸다는 인상을 없앨 수 있다. 문제가 발생하기 전에 분명하게 설명한 교실규칙에 따른 원인과 결과로 상황은 단순해진다.

평범한 아이들은 학교생활을 잘하는 편이다. 이 아이들이 특별히 똑똑하거나 재능이 있어서라기보다는 세상을 바라보는 관점이 균형 잡혀 있기 때문에 그렇다. 교실규칙을 세울 때는 이처럼 상식에 따르면 된다. 점심시간에 동료교사가 대하기 어려운 학생에 대해 투덜거리는 소리를 한 번쯤은 들어봤을 것이다. '내 수업시간에는 그 학생 괜찮던데.'라고 생각해본 적도 있을 것이다. 비결은 있다. 그 수업에 자신들이 꼭 들어오기를 교사가 바란다고 학생들이 느낄 수 있으면 된다. 그리고 수업이 학생들의 목표를 달성하는 데 도움을 줄 수 있으면 된다.

다음 장부터는 평범한 아이들과 달리 수업시간에 교사를 당황하게 하는 학생을 아홉 가지 유형으로 소개할 것이다. 나는 이 학생들에게도 똑같은 기본 규칙과 벌칙을 적용한다. 하지만 내가 애써 만들어놓은 긍정적인 교실 분위기를 망가뜨리는 몇몇 학생들도 있다. 이 학생들의 경우에는 나는 평소와 조금 다르게 변형된 방식으로 접근한다.

"물이 본래 아래로 흐르듯 사람의 본성도 선하다"는 말을 나는 진심으로 믿는다. 그리고 내가 학생들의 경계심을 풀어주고 마음의 문을 열어준다면, 아무리 교사를 당황하게 하는 학생들일지라도 스스로 교실 공동체의 긍정적인 구성원이 되고자 한다는 걸 나는 진심으로 믿는다.

이것만은 꼭!

* 한 해가 거의 지나 학생들과 헤어질 무렵이 되면 해야 할 일이 있어요. 그동안 여러분이 담당한 교과목을 왜 그렇게 열정적으로 가르쳤는지 학생들이 깨닫게 하세요.

* 평범한 아이들과 문제를 일으키는 학생을 비교해 수치심을 갖게 하지 마세요.

* 교실규칙을 검토하고 연습하는 데 시간을 많이 투자하세요. 나중에 규칙을 어긴 학생에게 후속조치를 따르게 하는 데 소비되는 시간을 그만큼 줄일 수 있어요.

* 교실규칙 시험을 새 학년 첫 주 마지막 날에 실시하세요. 그런 다음 교실규칙을 아직 완전히 숙지하지 못한 학생들이 누군지 파악해서 개별지도 하세요. 또 이 학생들에게 재시험의 기회를 주어 새 학년 첫 시험이자 가장 중요한 시험에서 좋은 성적을 받게 하세요.

* 학생 정보와 학생의 목표를 되도록 자세히 알아보세요. 학생들이 각자 수업에서 무엇을 더 배우고 싶어 하는지도 함께 알아보세요. 각 학생에 맞는 적절한 수업계획을 세우는 데 도움이 돼요(부록 187페이지 참고).

2장

반항하는
아이들

이 학생들은 교사의 악몽이라고 할 수 있다. 대부분은 학교에 오기 싫어하며, 교사가 가르치는 것에는 도통 흥미를 보이지 않는다. 온갖 종류의 벌을 받아도 눈썹 하나 까딱하지 않는다. 이 아이들에게 규칙은 혐오의 대상일 뿐이다. 따라서 규칙은 인간관계에서 반드시 필요하며, 교사가 정한 규칙은 일관되고 논리적이며 공평하게 적용된다는 사실을 깨달을 수 있도록 하는 게 중요하다.

"그들이 내게 앉으라고 말했을 때 나는 일어섰다."

브루스 스프링스틴(미국 작곡가 겸 가수)
'Growin' up' 노래 가사 중에서

이 학생들을 대하는 건 교사들에게 악몽과도 같다. 학교에 오는 것 자체를 싫어하고 수업에도 전혀 관심이 없는 아이들이다. 심지어 어떤 벌을 받아도 눈썹 하나 까딱하지 않는다. 학창시절에 나는 이런 학생이었다. 이것이 나중에 내가 교사가 되어 수업시간에 반항아를 대하는 데 엄청난 도움이 될 거라고는 상상도 하지 못했다. 물론 어찌해야 할지 몰라 당황스러울 때도 있지만, 나는 적어도 이 아이들에게 교사가 해서는 안 되는 일 정도는 정확히 알고 있다.

규칙은 상식을 기반으로 정하라

　중학생이 되자 나는 아무도 못 말리는 반항아가 되어 있었다. 사실 그렇게 될 수밖에 없었다. 우리 아버지는 "내 말 안 들을 거면 이 집에서 나가!"라고 말하는 분이셨다. 남성 중심의 가부장적인 우리 집에서 아버지의 말은 곧 법이었다. 명령만 있을 뿐 논의는 없었다. 사 남매 중 유일하게 여자아이였던 나는 두 가지 선택밖에 없었다. 집을 나가거나, 아니면 아버지에게 대항하는 일이었다. 내 인생을 내 마음대로 할 수 없다는 절망감에 사로잡혀있던 나는 중학생이 되자 학교에서 나의 힘을 시험해보고 싶었다.

독재자 같은 선생님이 내 신경을 건드리기라도 하면 나는 수업시간 내내 선생님을 어떻게 괴롭힐지 방법을 생각해내곤 했다. 당시 선생님이 저지른 최악의 실수는 나를 대수롭지 않게 여기고 내버려둔 일이었다. 나는 교실 맨 뒷자리에 앉아 머리숱이 풍성한 여학생 뒤에 숨어서 수업을 방해할 기회만 엿보았다. 한마디로 구제불능이었다. 하지만 학생들에게 모범을 보이는 선생님들을 만나면 따르려고 애썼다.

내가 중학교 3학년 때 만난 국어선생님은 신경이 몹시 예민한 여자 선생님이었다. 이 선생님은 수업시간 내내 오직 협박과 모욕으로 아이들을 통제하려고 했다. 지금 생각해보면 교사교육 때 들은 "끝까지 학생들의 고삐를 틀어쥐라."는 조언에 따랐던 것 같다. 나는 국어선생님에 대해 아는 것은 별로 없다. 다만 아이들을 그토록 싫어하는 선생님이 왜 교사라는 직업을 선택했는지 지금까지도 궁금하다.

수업 첫날, 국어선생님은 엄격한 규칙과 공포 분위기로 학생들을 통제하려고 했다. 하지만 학생들은 아무도 선생님을 두려워하지 않앞고, 규칙 또한 전혀 먹히지 않았다. 이날 나는 교실 앞에 붙여놓은 '교실에서 절대 해서는 안 되는 행동' 목록을 보는 순간 정말 재미있는 수업이 될 거라고 직감했다. 정확히 10분 뒤에 선생님은 이 학생 저 학생에게 "앉아! 그리고 입 다물어!"를 연발하며 고함을 질렀다. 나는 드러내놓고 반항하지 않는 자칭 '노련한 반항아'였다. 교묘한 수법으로 들통나지 않게 수업을 방해할 작전을 짜며 즐겼다.

"규칙 1: 떠들지 말 것! 규칙 2: 자기 자리에서 일어나지 말 것!" 나는 선생님이 말하는 2개의 규칙을 듣고 혼자 입가에 미소를 지었다. 그리고 선생님이 규칙을 다 읽기를 기다렸다. 손과 발과 껌과 관련된 규칙이 몇 가지 더 이어졌지만 내 계획에는 별로 쓸모가 없었다. 끝으로 선생님은 규칙을 어길 경우에 일어날 결과에 대해 모호하지만 협박하듯 말했다. 내게는 선생님의 허점이 아주 잘 보였다. 학생들이 규칙을 안 지키면 어떻게 대처할 것인지 단 한 번도 생각하지 않은 듯했다.

나는 선생님이 칠판을 향해 돌아서는 순간을 기다렸다. 그 때가 기회였다. 나는 들고 있던 펜을 나에게서 좀 멀리 떨어진 교실 바닥으로 휙 던졌다. 그리고는 선생님이 고개를 돌리자마자 손을 들어 필사적으로 흔들어댔다.

선생님: (날카롭게) 뭐야?

나: 죄송해요, 선생님. 제가 펜을 떨어트렸는데 손이 닿지 않아요. 규칙에 보면 수업시간에 말을 하면 안 되잖아요, 그래서 다른 친구한테

주워달라고 말을 못했어요. 제가 자리에서 일어나도 규칙에 위배되잖아요. 선생님께서 좀 가져다주시면 안 될까요?

선생님은 당황한 듯했고, 의심스러운 눈초리로 미소 짓고 있는 나를 노려보았다. 하지만 모든 학생들이 쳐다보고 있었기 때문에 마지못해 펜이 떨어진 자리로 걸어가 펜을 주워 내게 가져다줄 수밖에 없었다. 나는 아주 상냥한 목소리로 선생님께 감사하다고 말했다. 그리고 선생님이 칠판을 향해 발길을 옮기자 나는 다시 펜을 아까와는 다른 데로 던졌다. 선생님이 학생들의 책상을 벗어나기도 전이었다. 선생님이 고개를 돌리자 나는 또다시 손을 격렬히 흔들었다.

선생님: 또 무슨 일이야?

나: 죄송해요, 선생님. 수업 첫날이라 정말 열심히 잘하고 싶었는데, 제가 너무 긴장한 탓인지 펜을 또 떨어트렸어요. 조이가 앉아있는 자리 근처인데 주워달라고 말할 수도 없고, 제가 자리에서 일어날 수도 없으니 선생님께서 좀……"

선생님: 교무실로 지금 당장 따라와!!!

말이 떨어지기 무섭게 나는 자리에서 벌떡 일어났다. 교무실은 전에도 자주 들락거려서 아무렇지도 않았다. 박수가 터져 나왔다. 나와 친한 친구들은 "잘했어 비키, 기록갱신이야!" 하며 두 엄지손가락을 힘껏 들어 올리기도 했다. 내가 수업 시작 15분 만에 자유시간을 갖게 해주어 친구들은 엄청 고마워했다. 교실에 있던 아이들은 선생님이 부당한 대가를 치르는 것이라고 생각하지 않았다.

선생님이 나를 끌고 교장실에 들어섰을 때, 교장선생님은 나를 쳐다보더니 얼굴을 찌푸리며 말했다. "이번엔 또 무슨 일을 저지른 거야?"

"교장선생님 말씀대로 올해는 제대로 학교생활을 해보려고 저도 노력했어요. 국어선생님이 수업시간에 말하지 말고 자리에서 일어나지 말라고 규칙을 정하셨는데, 그만 제가 펜을 바닥에 떨어트려서……"

"선생님, 이 학생 말이 사실인가요?"

안타깝게도 선생님은 흥분해서 다급하게 자초지종을 설명하려 했지만 사실 별반 할 말은 없었다. 선생님의 규칙을 내가 정확히 지켰기 때문이다. 그 일이 있은 뒤 몇 달 동안, 나는 선생님의 수업에 들어가지 못하고 교실 밖에서 앉아있어야 했다. 하지만 나는 조금도 개의치 않았다. 학년 초에, 그것도 몇 분 만에 나는 선생님 눈 밖에 났다. 내가 제일 좋아하는 과목이 국어인데도 말이다. 선생님과 나의 관계는 틀어질 대로 틀어져, 나도 수업을 듣느니 차라리 복도 바닥에 앉아 공책에 낙서하는 편이 더 좋았다. 선생님은 내가 읽기 과제 목록에 있는 책들을 모두 다 읽었다는 사실을 전혀 생각하지 못했다. 게다가 나는 일부러 시험도 망쳤다. 선생님이 내게 뭔가를 가르쳤다는 생각을 하는 게 싫었기 때문이다.

그랬다. 나는 완전히 구제불능이었다. 나는 많은 전투에서 이겼지만 결국 이 전쟁에는 패하고 말았다. 국어선생님은 성적을 관리하셨다. 한 번도 유급 처리된 적은 없지만 4년제 대학교에 다니기 위해서는 우선 2년제 대학을 진학해 필요한 학점을 채워야 했다.

내 수업시간에 대놓고 반항하는 학생이 눈에 띄면 나는 때때로 이 이야기를 학생들 앞에서 연기까지 해가며 실감나게 들려준다. 그것도 새 학년 첫 주에 어떤 문제가 발생하기 전에 한다. 반항하는 아이들은 나의 슬픈 과거 이야기를 재미있어하면서도 끔찍하게 여긴다. 하지만 나는 아이들에게 두 가지 사실을 강조한다. 우선 내가 그때 나의 시간은 물론이고 다른 친구들의 시간을 너무 많이 허비했다는 점이다. 또 하나는 선생님이 나의 반항을 유머와 친절로 받아주고, 나를 이해하려고 조금이라도 애썼다면 상황은 그보다 나았을 것이라는 사실이다. 솔직히 말해서 선생님을 좋아했다고 할 수는 없다. 선생님의 수업을 듣는 학생들도 대부분 선생님을 좋아하지 않았다. 결국 선생님은 2년 뒤에 학교를 그만두셨다. 지금 생각해보면 국어선생님은 가장 중요한 수업의 기본 원칙인 '학생들에게 모범이 되도록 행동하라.'를 잊으셨던 것 같다.

수업은 학생들이 지켜보는 가운데 펼치는 행위예술이라는 점에서 정말 어렵다. 학생들은 인내와 친절과 예의범절을 배워야 한다. 하지만 이런 덕목은 규칙을 따르며 배울 수 있는 게 아니다. 오히려 학생들은 자신들이 규칙을 어길 때 '교사'들이 어떻게 반응하는지 유심히 관찰하면서 배운다. 작년에 새로 부임한 수학선생님이 절망감에 빠져 내게 찾아왔었다. 인내심의 한계를 시험하는 아이들에게 "너희들이 내게 보여준 그대로 대해주마!"라고 소리를 버럭 질렀다고 했다. 나는 그렇게 하면 안 된다고 말해주었다. 교사가 예의바른 행동을 보여줘야 학생들이 그대로 보고 배운다고 설명했다. 예의범절은 마치 곱셈이나 나눗셈처럼 충분히 설명을 듣고 연습해야 하는 기술과 별반 다르지 않다. 더군다나 어떤 아이들에게는 교실이 어른의 행동을 보고 예의범절을 배울 수 있는 유일한 장소이기도 하다.

　　나는 종종 현직교사들을 대상으로 교실관리 기술에 대해 발표해달라는 요청을 받는다. 그때 나는 허송세월한 나의 중학시절 이야기를 들려준다. 내 이야기는 학생들보다 이제 겨우 몇 살 더 많은 신입교사들에게 충격과 재미를 안겨주며 최고의 주목을 받는다. 나는 고등학생 때 전 과목에서 A를 받은 교사가 있으면 손을 들어보라고 한다. 보통 20퍼센트 정도가 손을 든다. 그리고 다시 전 과목은 아니지만 대체로 A 또는 B를 받은 교사가 있으면 손을 들어보라고 한다. 그러면 한두 명을 제외하고는 모두 손을 들어올린다. 나는 이것이 교사들이 반항아를 대하기 어려워하는 이유라고 지적한다. 반항아들은 학교를 싫어하고 성적이 나쁘다며 협박해도 눈 하나 깜짝 않기 때문이다.

　　중학교 3학년 때 나는 줄줄이 F를 맞은 걸 무슨 훈장이나 되는 것처럼 여겼다. 일찌감치 골칫거리로 낙인찍힌 내가 멋져 보이기까지 했다. 하지만 이 고정관념을 어떻게 바꿀 수 있을지는 알지 못했다. 다행히 내가 열일곱 살 때 우리 집은 이사를 했고, 나는 새로 전학 간 학교에서 이미지 변신을 할 수 있었다.

규칙을 따르기 시작한 반항아

반항아를 가르치려면 명확하게 설명할 수 있는 논리적인 규칙을 정하는 게 중요하다. 설명할 때 가장 중요한 부분은 '왜?'라는 질문에 답하는 것이다. 나는 반항하는 아이들에게 말한다. 이해가 안 되는데 무조건 뭔가를 하라거나 하지 말라는 지시를 받으면 나도 화가 난다고. 그리고 중·고등학교 시절에 선생님에게 "우리가 왜 이 시시한 걸 배워야 하죠?"라고 물을 때마다 돌아버리는 줄 알았다고 말해 아이들을 웃겼다. 선생님의 답변은 한결같이 "잔머리 굴리지 마!"였고, 나는 그 말에 "머리를 굴리려고 학교에 다니는 거 아닌가요?"라고 말대답을 했었다. 그러고 나서 오가는 모든 대화는 더 나빠질 뿐이었다.

교사들은 아이들의 이런 질문에 타당한 답변을 할 줄 알아야 한다. 교사들은 엄청난 시간을 들여 특정 과목에 대해 숙달하고 수업을 진행한다. 그렇다면 왜 그 과목이 필요한지 학생들에게 입증할 줄도 알아야 한다. 증명을 못하면 학생들은 교사의 수업을 '들으려고' 하지 않을 것이다. 사실 수업계획안을 만들 때가 이 시시한 걸 배우는 것이 왜 중요하고 유용한지를 증명하는 출발지여야 한다.

교실규칙도 마찬가지이다. 몇 년 전에 학생 하나가 러시아 군용 코트를 입고 교실에 들어온 적이 있다. 소매와 목깃이 각종 공산주의 휘장과 배지로 장식되어 있었다. 다른 학생들은 동요하는 듯했으나 나는 미소를 지었다. 그 학생의 이름은 칼이었는데, 자신을 '코미(공산당원)'로 불러달라고 했다. 나는 그 즉시 출석부에 새 이름을 기록했다. 학생들에게 교과과정을 설명하는 시간에 내가 분명히 해두는 게 있다. 자신이 받을 교육에 대해 궁금해하고 왜라는 질문을 던질 수 있는 학생을 높이 평가한다는 점이다. 이 말에 코미가 처음으로 나에게 미소를 지었다.

　　나는 학생들에게 다섯 가지 규칙과 이를 어길 경우에 취할 후속 조치가 인쇄된 <교실규칙 서약서>를 한 장씩 나누어주었다(부록 196페이지 참조). 그리고 규칙을 자세히 설명하고 모호한 부분은 실연을 통해 직접 보여주었다. 예를 들어, '교실 분위기 흐트러뜨리기'가 정확히 무슨 뜻인지 아이들 앞에서 연기했다. 그리고 각 규칙을 정한 이유를 설명했다. 대부분의 학생들은 이런 상황에 익숙하다. 그렇기 때문에 즐거운 마음으로 '모든 규칙을 읽었고 이해하였습니다.'라고 적힌 서약서에 서명을 하였다. 그러나 코미는 다른 학생들과 달리 도무지 꿈쩍도 하지 않았다. 내가 서명이 모든 규칙에 동의한다는 뜻은 아니고 읽기능력 항목에 체크하듯 내용을 이해했다는 뜻이라고 설명하자 그제야 마음이 움직이는 듯했다. 코미는 수업이 끝나기 직전에야 겨우 서명을 했다. 하지만 교실을 나가면서 파시스트 독재자와 다를 게 뭐냐며 투덜거렸다.

　　몇 주 뒤에 복도를 지나가다 우연히 나는 코미의 사물함에 붙어 있는 인쇄물 한 장을 보게 되었다. 코미가 쓴 선언문이었는데, 그 선언문에는 "이 나라는 자유의 나라가 아니던가!? 규칙이란 겨우 군중을 통제하기 위한 기득권층의 하찮은 시도일 뿐이다!" 등의 선전문구가 가득했다. 그리고 모든 학교규칙을 즉각 없애라고 요구하고 있었다. 코미의 선언문은 거의 작가 수준의 훌륭한 글이었다. 그러나 내가 중학교 3학년 때 만난 국어선생님처럼 코미도 자신이 무엇을 요구하는지 제대로 이해하지 못하고 있었다. 같은 날 코미와 마주친 나는 선언문을 재미있게 잘 읽었다고 말해주었다. 깜짝 놀라는 눈치로 보아 코미는 나를 기득권층의 일부라고 여기는 게 분명했다. 선언문을 전부 읽었냐고 물어서, 나는 읽은 정도가 아니라 나를 합류시켜줘서 기쁘다고 말했다. 코미는 주저하더니, "합류라니요?" 하고 다시 물었다.

"음, 네가 규칙 따위는 필요 없다고 했잖아. 그래서 내가 네 사물함에서 물건 하나를 가져왔어. 이러면 안 된다는 규칙은 필요 없으니까. 암튼 고마워." 코미는 믿을 수 없다는 듯이 나를 쳐다보았다. "아, 걱정마, 아주 작은 물건이야. 물론 그게 뭔지 못 찾을 정도는 아니지만 내 마음에 쏙 드는 거라서 눈에 들어왔어. 정말 갖고 싶은 물건이었거든. 진짜로 고맙다. 아, 수업 시작종이 울리네. 수업시간에 늦지 않으려면 너 빨리 뛰어야겠다." 코미는 뭐가 뭔지 하나도 모르겠다는 표정을 짓더니 곧 서둘러 교실로 향했다.

그날 수업이 다 끝나자 코미는 허겁지겁 내 교실에 뛰어들어왔다. 가방과 사물함을 샅샅이 뒤졌지만 잃어버린 물건이 아무것도 없다는 것이었다. 내가 씩 웃으며 아주 작은 것이라고 말하는 순간, 코미가 갑자기

"함부로 남의 사물함에 손을 대고 물건을 가져가도 되나요?"라며 내게 쏘아붙였다. 나는 고개를 끄덕였다. 그리고 침착하게 "그럼 너도 규칙이 필요하겠구나. 사실 난 아무것도 가져가지 않았어. 그저 네가 만든 선언문의 내용을 실행해본 것뿐이야. 난 규칙이 없으면 힘들어지거든. 하지만 네 아이디어는 참 좋았어."라고 대답했다. 이 일은 코미의 영리함과 유머감각 덕분에 매끄럽게 해결되었다.

이 일을 계기로 코미와 나는 좋은 친구가 되었다. 코미는 당시의 아이러니한 상황을 충분히 이해할 만큼 아주 영리했다. 나 역시 새 학년 첫날, 교실에 들어서는 코미를 보고 이 아이가 가진 유머감각과 영리함을 포착할 만큼 현명했다. 나는 학생과 긍정적인 관계를 형성하기도 전에 인생의 교훈 따위를 가르쳐보겠다고 나서지 않는다. 코미는 내가 있는 그대로 자신을 인정해준다는 걸 알았다. 그리고 나는 코미가 어째서 음악밴드 RATM(Rage Against the Machine:기득권층에 대한 분노)에 열광하는지도 이해했다.

나는 첫 수업시간에 이 일화를 즐겨 말한다. 규칙은 사회적 관계에서 반드시 필요하다는 사실을 알려주기 때문이다. 나는 코미의 허락을 구한 뒤 학생들에게 이야기를 한다. 그러면 우리 교실의 신입 반항아들은 무척 재미있어한다. 게다가 내가 세상을 바라보는 반항아들의 독특한 시각을 조금도 두려워하지 않는다는 사실을 알게 된다. 또한 내가 기꺼이 자신들의 영혼을 품어준다는 것도 알게 된다. 나는 반항하는 아이들에게 내 수업시간에는 행동지침과 교실규칙을 따라야 한다고 말한다. 규칙을 지키지 않는다면 그에 따른 책임을 묻고 후속조치를 실행할 것이라고 강조한다.

반항하는 아이들은 각양각색이다. 반항하는 수위도 저마다 달라서 어떤 경우에는 포착하기조차 어렵다. 가령 수업시간에 태도도 좋고 선생님과의 관계도 좋으며 전 과목에서 A를 받는 모범생이 반항아의 대열에 끼기도 한다. 이와 달리 온몸에 피어싱과 문신을 한 채 잔뜩 화가 난 얼굴로 교실 문을 열고 들어오는 아이도 있다. 그러나 교사라면 그 차이가 무엇이든 간에 신중해야 한다. 내가 생각하는 해결 열쇠는 반항하는 아이들을 두려워하지 않고 열린 마음으로 품어주는 것이다.

인간은 누구나 동전의 양면처럼 부정적인 면과 긍정적인 면 모두를 지니고 있다. 반항하는 아이들 때문에 속이 뒤집어지지 않은 교사가 있을까? 이 아이들은 자칫 삐딱하고 심술궂고 예의도 없어 교사들을 짜증나게 하는 학생으로 비춰질 수 있다. 그러나 조금만 입체적으로 관찰해보면 이 아이들이 달리 보일 수 있다. 굉장히 용감하고 상황을 꿰뚫어보는 놀라운 능력이 있으며, 믿기 어려울 정도로 정직하고 도전정신 또한 투철하다는 걸 깨닫게 된다. 교사가 편견을 버리고 고정관념을 바꾸면 놀라운 경험을 하게 될 것이다. 이 아이들을 진심으로 이해하고 존중해준다면 아이들은 어느새 교사의 열렬한 신봉자가 되어있을 거란 뜻이다.

* 학생들이 하기 바라는 행동이 있다면 수업시간에 여러분이 먼저 모범을 보이세요.

* 교실관리 체계를 어떻게 만들지 머릿속에 그려보세요. 어떤 행동이 수업을 방해하는지 미리 예상하세요.

* 학년 첫 수업을 시작하기 전에 교실 배치를 끝내 교실에서 일어날 문제를 사전에 예방하세요. 학생 간의 자리 간격을 최대한 넓히세요. 그리고 수업에 방해가 되지 않는 선에서 학생들의 교실 안 이동을 허용하세요.

* 학생들에게 명확하게 설명할 수 있을 만큼 논리적인 교실규칙을 만드세요. 규칙을 어길 때 실행할 후속조치도 학생들이 수긍할 수 있을 만큼 이치에 맞아야 해요.

* 교실규칙은 반드시 지켜야 한다는 점을 학생들에게 이해시키세요. 허세로 그러는 게 아니라 수업을 방해받지 않기 위해 필요하다고 분명하게 설명하세요. 실제로 교실규칙이 여러분과 학생들에게 도움을 줄 거예요.

* 어떤 상황에서도 규칙을 어기면 후속조치를 반드시 실행할 것이라는 교사의 의지를 학생들에게 각인시키세요. 그러나 지키지도 않을 협박은 하지 마세요.

3장

적응하지 못하는 아이들

학교는 여러 학생 집단이 모여 구성된 공동체이다. 그래서 학생이라면 누구나 어떤 집단인가에 구성원으로 받아들여져야 한다. 하지만 날씬하고 예쁜 여자애들 집단, 운동 좋아하는 남자애들 집단, 말 잘하는 애들 집단처럼 끼리끼리 모인 아이들이 쳐놓은 벽을 뚫고 들어가지 못하는 아이들도 있다. 이 학생들은 학교에 적응하지 못하고 겉돌게 된다. 이들 중 운이 좋은 학생들은 다른 부적응 학생들과 유대감을 쌓기도 한다. 그렇지 못한 학생들은 학교를 다니는 내내 소외감으로 우울하게 지내게 된다.

화내고 싶어 하는 사람이 누구든,

화나게 하고 싶었다.

———————

프랭크 자파(미국 록밴드 리더, 작곡가 겸 기타 연주자)

학교는 서로 같은 관심사로 뭉친 여러 학생 집단이 모여 구성된 공동체이다. 제 기능을 발휘하든 그렇지 않든, 모든 학교가 그렇다. 어렸을 때 우리는 이런 집단을 패거리라 불렀다. 그리고 어떤 패거리가 우리를 받아주느냐에 따라 우리의 정체성도 다르게 형성됐다. 나는 반항아 패거리에 속했는데, 그건 내 기질 때문이기도 했고, 내가 청소년기에 접어들 무렵 나를 받아준 집단이기 때문이기도 했다. 어느 모로 보나, 나도 학교에 적응하지 못하는 아이였다. 화장실에서 담배를 폈고, 파격적인 옷을 입고 다녔으며, 권위는 무시했다. 하지만 나는 늘 내가 연기하고 있다는 사실을 알고 있었다. 집단에 받아들여지기 위해, 그리고 그저 따분해서. 하지만 그건 진짜 내가 아니었다.

사람은 누구든 어딘가에 속해야 하고, 구성원으로 받아들여져야 한다. 하지만 날씬하고 예쁜 여자애들 집단, 운동 좋아하는 남자애들 집단, 말 잘하는 애들 집단처럼 끼리끼리 모인 아이들이 쳐놓은 벽을 뚫고 들어가지 못하는 아이들도 있다. 만약 이 아이들이 운이 좋다면, 자신들과 같은 흥미를 가진 또 다른 부적응 친구들을 만날 것이다. 그리고 이렇게 만난 아이들은 자신들의 장점을 끌어낼 수도 있을 것이다. 하지만 운이 나쁘면, 이 아이들은 아마 학창시절 내내 혼자 보내거나, 소외된 아이들의 집단을 가까이 하게 될 것이다.

가면 뒤에 가려진 진짜 모습

학교에 적응하지 못하는 아이들은 몸치장도 도발적이다. 온갖 종류의 문신을 하고 학교에 나타나는데, 문신의 모양이나 위치가 옷으로 가려질 정도의 작고 예쁜 나비 문신이 아니다. 어깨에 무서워 보일 정도로 끔찍하게 생긴 노파(가족의 죽음을 울음으로 예고하는 유령) 문신을 하거나, 종아리까지 길게 늘어뜨린 장미꽃 문양이 그려진 권총 문신을 하기도 한다. 반항을 좀 한다는 아이들이 귀에 다섯 개 정도 피어싱을 한다면, 이 아이들은 코와 뺨은 물론이고 눈썹까지 스파이크 피어싱을 하고 학교에 나타난다. 만약 교실에 이 아이들이 들어온다면 별 반응을 보이지 않는 게 좋다. 아니면 엄청난 고통을 참아낸 아이를 칭찬해주는 편이 오히려 나을 수 있다.

나는 우연히 옛 제자를 졸업한 지 1년 만에 마주친 적이 있다. 레코드 가게에서 일하고 있다는 이 아이는 학교를 다닐 때 전형적인 부적응 학생이었다. 하지만 나의 글쓰기 수업에 들어오던 당시 이 아이와 나는 사이가 좋았다. 내가 아이의 겉모습에 크게 신경 쓰지 않았기 때문이다. 우리는 오랜만의 만남에 무척 기뻐했다. 하지만 아이 얼굴에 가득한 피어싱을 보자 나는 웃음을 멈출 수밖에 없었다. 학교를 다닐 때 용의복장 규정을 늘 넘나들던 이 아이는 마치 졸업한 뒤 그동안 못 다한 치장에 한풀이라도 하듯 과도하게 몸을 치장하고 있었다. 반경 30킬로미터 이내에서조차 금속탐지기 신호에 잡힐만한 엄청난 양의 금속장신구가 얼굴을 뒤덮고 있었다. 우리는 조심스럽게 얼싸안았고, 나는 아주 살살 아이 얼굴을 토닥거리며 "아야!"라고 말했다. 아이는 웃었다. 우리는 지난 1년 동안 어떻게 지냈는지 이야기를 나누며 즐거운 시간을 보냈다. 물론 나는 몸 여기저기에 구멍을 뚫는 게 어리석은 짓이라고 생각한다. 하지만 피어싱에 대한 나의 편견으로 그때 내 수업을 듣던 그 아이를 멀리하지 않았던 걸 다행이라 여겼다.

내가 아는 부적응 학생들 중에는 음악밴드에 들어가 심각한 마찰 없이 학교를 무사히 졸업한 학생들이 꽤 많다. 음악은 그 아이들에게 구세주였고, 밴드 구성원들은 그들의 기괴한 행동을 잘 받아주었기 때문에 구성원들과 음악밴드는 탈출구 역할을 톡톡히 했다. 나의 제자 다니엘은 복잡한 가정사로 어린 시절을 대부분 외톨이로 지냈다. 어머니는 결혼을 여덟 번이나 했는데, 상대 남자는 알코올중독이었고 폭력을 휘둘렀으며 대부분 군인이었다. 그래서 다니엘은 열다섯 살이 될 때까지 형제들과 함께 학교를 무려 열세 군데나 옮겨 다녔다. 다니엘은 아주 총명했지만 학교에 적응하려고 굳이 애쓰지 않았다. 어차피 잠깐 다니다 전학 갈 거라고 생각했기 때문이다. 그런데 다니엘이 고등학교에 들어갔을 때 어머니가 드디어 한 곳에 정착을 했다. 다니엘은 음악밴드에 끌렸고, 생전 처음으로 밴드에 들어오라는 제안을 받았다. 반면, 다니엘의 형은 재능을 살려 뭔가를 해보려고 하지 않았다. 낮에는 술과 마약에 취해있었고, 밤에는 술집을 나와 기지로 돌아가는 군인들을 때려 물건을 빼앗는 양아치들과 어울렸다. 다니엘과 그의 형은 둘 다 학교에 적응하지 못했지만 인생은 완전히 달라졌다. 그들을 받아준 집단에 따라 둘의 정체성이 다르게 형성되었기 때문이다.

엉뚱한 곳에서 인정받으려는 아이들

나는 컴퓨터게임이나 스케이트보드 타기나 급진적 정치활동 같은 공통의 관심사로 소외된 아이들이 서로 관계 맺는 것을 본 적이 있다. 그런데 교사로서 가장 가슴이 아팠던 경우는 집단에 들어가기 위해 아무하고나 성관계를 맺는 여자아이들을 볼 때이다.

트리샤가 교실에 들어서자 다른 학생들이 키득키득 웃기 시작했다. 얼굴은 예쁘장한데 체형은 비만에 가까운 트리샤는 검은색 아이라이너를 진하게 칠하고 가슴이 깊이 파인 옷을 입고 있었다. 나는 학년 초 몇 주 동안 트리샤를 눈여겨보았다. 여자아이들은 대체로 트리샤를 피하는 눈치였고, 점심시간과 쉬는 시간에는 주로 남자아이들 집단이 둘러싸고 있었다. 나는 트리샤가 작문노트에 쓴 글을 읽고 몇 가지 사실을 알게 되었다. 부모님은 이혼했고, 오빠가 아버지와 함께 살기로 결정해서 트리샤는 어쩔 수 없이 어머니와 지내고 있었다. 또 어머니와는 오랫동안 낮은 성적과 옷차림, 밤늦은 귀가로 자주 다투고 있었다. 트리샤는 가족의 해체로 상처를 받았고, 그 고통으로 어머니에게 죄책감을 안겨주려 하였다.

새 학년이 시작되고 두 달이 지났을 때쯤, 나는 학교에서 인기 많은 운동선수 조이가 방과 후 트리샤를 차에 태워가는 모습을 자주 목격했다. 하루는 조이와 이런저런 이야기를 나누다가 넌지시 트리샤와 사귀냐고 물어보았다. 그러자 조이는 펄쩍 뛰면서 격앙된 목소리로 대답했다.

"말도 안 돼요! 걔는 걸레에요!!"

"내가 방과 후에 둘이 같이 있는 걸 자주 보았는데."

"만약 트리샤가 싫다고 하면 나는 안 만날 거예요."

내 말에 조이가 억지웃음을 지으며 말했다. 나는 조이에게 특별히 해줄 말이 있다고 운을 뗀 뒤, 트리샤도 한 명의 소중한 인격체라고 말해주었다. 또 그의 냉랭한 태도가 트리샤를 비참하게 만들 뿐만 아니라 위험에 빠트릴 수 있다고도 말했다. 조이가 조금은 부끄러워하는 듯 보였다. 하지만 트리샤가 다른 수많은 남자들과 성관계를 맺고 있고, 그건 누구나 다 아는 사실이라며 변명하듯 말했다.

나는 트리샤와 이야기를 해보려고 애썼다. 우선 작문노트에 내 생각을 적어 전달하려고 했다. 그 이후로는 점심시간이나 수업이 끝난 뒤에 대화를 나눠보려고 애썼다. 하지만 모든 상황에 대해 트리샤의 반응은 냉담했다. "지루해서 '그냥 같이 놀았어요,' 별일 아니에요." 내가 수년간 듣고 또 들어온 말뿐이었다. 학생들은 이런 관계를 '섹스파트너'라고 했다. 트리샤에게 성관계는 누군가와 함께 영화관에 가서 영화 한 편을 보는 것에 지나지 않았다. 특별한 일이 아닌 것이다. 나는 트리샤를 설득해 학교 상담교사와 면담하도록 했다. 그런데 이미 너무 늦고 말았다. 다른 학생들이 트리샤를 더 노골적으로 조롱하기 시작했기 때문이다.

트리샤의 성적은 바닥으로 떨어졌고, 어느 날부터인가 트리샤는 더 이상 학교에 오지 않았다. 내가 트리샤를 마지막으로 본 것은 캘리포니아 어느 도시의 길거리였다. 트리샤는 이 사람 저 사람 집을 전전하며 살아가고 있었다. 트리샤는 미술학교에 다니고 싶다고 했다. 하지만 그러기 위해서는 그만큼 돈을 모아야 했다. 나는 트리샤와의 짧고 우울한 대화를 뒤로한 채 그 자리를 떠났다. 트리샤는 여전히 적응하지 못한 채로 자신을 받아줄 곳과 그 방법을 필사적으로 찾고 있었다.

내면에 갇힌 아이들의 보물을 끄집어내라

나의 교실은 학생들이 가져온 글귀들로 도배되어 있고, 내가 좋아하는 글귀들도 함께 붙어있다. 이 중에 내가 학생들을 가르치며 자주 언급하는 글귀가 하나 있다. "그대가 내면에 있는 보물을 끄집어내면 그것이 그대를 구할 것이요, 그대가 내면에 있는 보물을 끄집어내지 못하면 그대는 파멸을 면치 못할 것이다." 이 글귀는 사해문서(사해 연안의 쿰란동굴에서 발견한 구약성서 사본 및 유대교 관련 문서)가 발견되면서 세상에 알려졌다고 한다. 나는 이 글귀를 볼 때마다 윌리엄이 생각난다. 트리샤가 자신의 내면에 감춰진 보물을 찾아냈는지는 아직 모른다. 하지만 윌리엄은 찾아냈고 자신을 완전히 탈바꿈시켰다.

새 학년 첫날, 교실에 들어온 윌리엄은 자신과 가장 동일시하는 음악가들인 펑크밴드와 같은 복장을 하고 있었다. 머리와 아이라이너는 물론이고 차려입은 옷도 온통 검은색이었다. 윌리엄의 등장은 학생들을 적잖이 동요시켰다. 윌리엄은 마치 자신에게 무례한 말을 던져보라고 도발하는 듯 보였기 때문이다. 하지만 윌리엄은 결코 부정적인 방식으로 대응하는 아이가 아니었다. 조용했지만 긍정적인 학생이었고 항상 어떤 과제도 잘 수행하는, 내가 꿈꾸는 그런 학생이었다.

사실 윌리엄은 분노를 표출할만한 이유가 충분히 있었다. 어머니는 윌리엄이 열한 살 때 돌아가셨고, 아버지는 아들에게 아무런 도움을 줄 수 없을 정도로 슬픔과 무기력 속에 빠져 살았다. 그 무렵, 윌리엄보다 상급학생이었던 반항아 코미가 윌리엄을 보살펴주었다. 코미와 윌리엄은 서로 힘을 합쳐 학생회가 정치적 의식을 고취할 수 있도록 많은 노력을 기울였다. 구호단체를 위한 모금활동에도 적극적이었다. 게다가 몇몇 친구들과 합세해 학생들의 관심이 높은 학교 용의복장 규정까지 활동범위를 확장해나가면서 둘은 열광했다. 그러나 그들은 늘 마음이 긍정적이어서 학교 관리자들을 긴장시키지는 않았다.

한 번은 코미의 성화에 못 이겨 윌리엄이 장기자랑 대회에 참가해 립싱크를 하기도 했다. 그날 윌리엄은 가슴을 훤히 드러낸 채 찢어진 검정 바지와 체인, 그리고 군화 차림으로 무대에 올랐고, 데스메탈 곡에 맞춰 미친 듯이 몸을 흔들어대기 시작했다. 청중들은 처음에 충격을 받은 듯했으나 곧 크게 웃기 시작했다. 음악에 몰입한 윌리엄에게는 순수한 뭔가가 있었다. 공연이 끝나자 학생과 교사 모두 발을 구르며 열광했다. 윌리엄이 자기만의 방식으로 모두에게 인정받는 순간이었다. 코미가 졸업한 후, 윌리엄은 학교활동에 더욱 적극적으로 참여하였고 리더 역할을 여러 번 맡기도 했다. 상급생이 되었을 무렵에는 교사들조차 대하기 힘든 학생들을 만날 때면 윌리엄에게 중재 역할을 맡길 정도였다. 교사들은 물론이고 소외 학생들도 윌리엄을 신뢰했다. 윌리엄은 교내에서 없어서는 안 될 아주 중요한 인물이 되었다.

나는 글쓰기와 일상에서의 대화를 통해 학생들과 삶의 철학을 공유한다. 나는 주의 깊게 학생들이 하는 말에 귀를 기울이거나 질문을 던지기도 하며 학생들에게 앞으로 지켜보고 있겠노라고 말한다. 그러면 학생들은 그게 무슨 의미냐고 묻는다. 나는 학생들에게 인간의 신념이란 각자가 믿고 있는 진실이 밖으로 드러나는 것인데, 그것은 입을 통해 내뱉어진 말이 아니라 삶 속에서 분명히 드러나는 철학이라고 말한다. 트리샤의 진실은 삶 속에서 제대로 드러나지 못했지만, 윌리암의 진실은 삶 속에서 훌륭하게 드러나 진가를 발휘하였다. 이것이 바로 내가 말하고자 하는 신념의 핵심이다.

인정받으려고 불량배가 된 사실을 알고 있는가?

내가 신입교사들에게 건네는 첫 조언은 수업시간마다 학생들에게 공동체 의식을 심어주라는 것이다. 아이들에게 교실에 붙일 자신들만의 진리의 글귀를 가져오라고 하는 이유도 이 때문이다. 학교 또한 학생들의 다양한 개성을 존중해주는 공동체로서 정체성을 확립해야 한다.

적응하지 못하는 아이들은 어딘가에 속하기를 바란다. 소외감을 느낀 나머지 이 아이들은 자신만의 방식으로 그 방법을 찾으려고 한다. 나는 교사들 자녀 중에 집단에 들어가기 위해 교내에서 거래되는 마약의 대부분을 판매하는 아이들을 본 적이 있다. 또 총과 칼을 교내에 들여오는 학생들 때문에 골치 아파하던 학교에서 아이들을 가르친 적도 있다. 외톨이라는 이유만으로 '걸어 다니는 시한폭탄'이 되어버린 컬럼바인 학교의 남학생들 같던 그 아이들을 나는 똑똑히 기억하고 있다.

나는 범죄조직에 들어가는 학생들 때문에 혼란에 빠진 많은 교육자들과 이야기를 나눈다. 그들은 학생들이 사형선고를 받을 수도 있다는 것을 뻔히 알면서 왜 그런 집단에 가담하는지 전혀 이해하지 못했다. 나는 아무리 분노가 치밀어도 다른 사람들을 공격하거나 때리지 않으며 법을 지킨다. 그 이유는 내 삶과 가정과 자유를 잃고 싶지 않기 때문이다. 적응하지 못하는 아이들에게도 이런 것들이 필요하다. 음악밴드에 가입하든 미래의 꿈을 찾든, 이 아이들이 학교에서 적극적으로 참여할 활동을 찾을 수 있도록 교사가 도와주어야 한다. 자신이 속한 곳에 애정을 느낄수록 위험한 짓은 하지 않을 것이기 때문이다.

이 아이들을 가르치는 교사로서 우리는 부적응 학생들에게 영감을 줄 수도 있다. 그들의 관점에 관심을 갖고 그들의 이야기를 귀 기울여 듣고 생각과 경험을 나눈다면 말이다. 그리고 인생의 황금기인 청소년기에 이 아이들이 자신의 미래상을 만들어나가도록 도울 수도 있다.

* 가면 뒤에 가려진 개성을 찾아 학생을 칭찬해주세요. 인생의 황금기에 아이들이 자신의 구체적인 미래상을 만들어나갈 수 있도록 도와주세요.

* 만약 부적응 학생의 몸치장 때문에 기분이 나빠진다면 그것은 여러분 자신의 편견 때문이라는 점을 자각하세요.

* '관용의 날'을 정해 교사와 학생들이 다양한 삶의 방식과 신념을 서로에게 드러내 보이는 시간을 가져보세요.

* 부적응 학생이 학교규칙을 살짝 위반했을 때 관용을 베풀어보세요. 그러나 규칙을 없애지는 마세요. 반항하는 즐거움이 모두 사라지니까요. 하지만 상식선에서 학생들이 입고 싶어 하는 옷을 입도록 허용하는 정도는 괜찮아요.

* 학생들이 교실에서 소속감을 느끼게 해주세요. 소속감은 자신이 집단에서 없어서는 안 될 아주 중요한 구성원이라는 느낌을 갖게 해주니까요.

* 소속감을 심어주기 위해서 나는 새 학년 첫 주에 <친구 추측하기> 활동을 해요. 반 학생들이 서로를 알아가도록 돕는 활동인데, 겉모습에 가려진 진실한 모습을 보는 데 꽤 효과적인 방법이에요. 학생들과 함께 편견과 고정관념에 대해 이야기할 수 있는 기회가 될 거예요(부록 200페이지 참고).

4장

특출난
아이들

이 학생들은 학교에서 가장 인기 있는 일명 '명사들'이다. 최고의 운동선수들과 부잣집 아이들, 굉장히 매력적인 아이들이 여기에 속한다. 그래서 마치 학교가 이 학생들에 의해 좌지우지된다는 인상을 주기도 한다. 이 학생들은 교실 안팎에서 엄청난 권력을 휘두른다.

"좋은 시절은 금세 지나갈 거야"

브루스 스프링스틴(미국 작곡가 겸 가수)
'Glory Days' 가사 중에서

학생들은 대부분 나이와 상관없이 또래집단 안에서 서열을 의식한다. 그러나 중학교에서만큼 서열이 엄격하게 결정되는 곳은 어디에도 없다. 초보 교사였던 시절에 나는 캘리포니아에 있는 한 중학교에서 근무했다. 당시에 나는 1학기에 지리 수업을, 2학기에는 성교육 수업을 배정받았다. 두 수업 다 해본 적이 없었지만 나는 이 두 과목의 묘한 조합에 흥미를 느꼈다. 사실, 한 해의 중간쯤에서 지리 수업을 무사히 마치고 새로이 성교육 수업을 잘 이어갈 수 있을지 나 스스로도 궁금했다.

특출난 학생에 대해 편견이 있는가?

새 학년 첫날, 나는 특출난 학생이 교실 안으로 들어오는 걸 보았다. 이 여학생은 누가 봐도 눈에 확 띄었다. 나이에 걸맞지 않게 자신감을 잔뜩 풍기기도 했지만 그게 다가 아니었다. 이 여학생이 남자친구 옆 자리에 앉으려고 그 자리에 있던 남학생에게 자리를 바꿔달라고 말하 자 그 학생이 선뜻 자기 자리를 내주는 것이었다.

줄리와 대니는 교내 최고학생 목록에서 '가장 귀여운 커플'로 이 름이 올라있었다. 둘 다 반할만한 면모를 갖추고 있었다. 매력이 있고 사 교적이었으며 공부도 아주 잘했다. 옷도 늘 최신 유행으로만 입고 다녔 다. 몇몇 반항아들은 줄리와 대니가 지나가면 상스러운 말로 비아냥거 렸다. 하지만 둘은 불쌍한 외톨이들이 질투심으로 울부짖는 걸 알고 있 었다. 다른 학생들이 그렇듯이 말이다.

줄리와 대니는 나에 대해 호의적이었다. 신입교사인 나로서는 무 척 다행스러운 일이었다. 덕분에 학생들을 지도하는 게 수월했다. 나는 두 학생의 호의가 무척 고마웠다. 하지만 줄리와 대니를 다른 학생들보 다 특별하게 대하지는 않겠다고 다짐했다.

하루는 성교육의 한 과정으로 사춘기에 경험하는 신체 변화와 감정 변화에 대해 토론했다. 학생들은 토론한 내용을 각자 자신의 작문 노트에 기록했다. 글을 읽어보니, 많은 학생들이 대니와 줄리처럼 사는 게 가장 완벽한 삶이라고 생각하고 있었다. 학생들의 글은 그리 놀랍지 않았다. 그런데 정작 줄리의 글을 읽고 나는 깜짝 놀랐다. 부러움의 대 상인 줄리의 글은 온통 자기혐오와 불안으로 빼곡히 채워져있었다. 그 불안은 외모를 화려하게 꾸며야만 한다는 압박감에서 생겨난 것이었다.

줄리의 어머니도 같은 문제를 안고 있었는데, 줄리는 그 사실을 아주 잘 인지할 만큼 영리한 학생이었다. 줄리는 겉모습 뒤에 감춰진 자신의 흉한 실체가 드러나면 함께 수업 듣는 아이들이 자신에게 손가락질을 할까 봐 불안해했다.

성교육 수업은 대개 학생들이 경험하는 신체적 변화를 간단히 설명한 다음, 집중적으로 롤러코스터를 타는 듯한 감정의 기복을 광범위하게 다룬다. 그래서 나는 학생들이 작문노트에 쓴 사춘기의 고군분투를 수업시간에 활용하는 수업계획안을 짰다. 물론 어느 학생이 쓴 글인지 알 수 없게 조심했다. 하루는 '타인의 기대에 부응하는 삶'이라는 쟁점으로 토론을 진행했다. 학생 몇 명이 마음을 터놓고 자신이 느끼는 두려움과 좌절감을 이야기했다. 그러자 줄리도 용기를 내어 특출난 학생으로 살아가는 삶에 대해 털어놓기 시작했다. 처음에는 좀 망설이듯 주저주저하더니 어느 순간 폭포수처럼 속마음을 쏟아냈다. 도무지 멈출 줄을 몰랐다.

줄리는 화려한 외모만으로 특출난 학생이 되었다는 사실이 몹시 괴롭다고 말했다. 어머니가 '나이 들어가는 얼굴'에 상심해 젊음을 되찾으려고 온갖 화장품에 집착하는 모습을 가까이에서 보고 자랐기 때문이다. 어머니는 줄리에게 예쁜 얼굴로 태어난 게 '행운'이라고 말했지만, 줄리는 아무런 노력 없이 타고난 외모 때문에 인정받는 건 성취감을 느낄 수 없었다고 말했다. 또 열네 살 무렵에는 완벽하지 못한 자신과 가족의 모습이 친구들에게 탄로 날까 봐 늘 두려움에 떨었다고 털어놓았다. 심지어 집에서는 폭언과 알코올중독 문제로 시달리고 있음을 내비치기도 했다. 다른 학생들은 너무 놀라 할 말을 잃은 듯했다. 잠시 침묵이 흐른 뒤, 몇몇 학생들이 줄리에게 용기를 내어 진실을 말해줘서 고맙다고 말했다. 대니도 줄리에게 다가가 어깨를 감싸주었다.

이날 토론이 학생들에게 인생의 전환점이 될만한 사건이었는지는 잘 모르겠다. 하지만 우리들 대부분이 비슷한 고통을 겪고 있으며, 자신을 보호하려고 가면을 쓴 채 고군분투한다는 사실을 배우는 기회가 되었을 것이다. 줄리의 이야기는 교사인 나에게도 개인적 편견은 모두 교실 밖으로 던져버려야 한다는 사실을 상기시켜주었다.

내가 중학생이었던 시절에도 줄리와 같은 학생들이 많았다. 수많은 '줄리'들이 내 사정거리 안에 들어오기라도 하면 나는 그 기회를 놓치지 않고 그들을 비웃고 놀려주었다. 그 당시에는 '줄리'들이 화려한 말에서 한 번씩은 떨어져 봐야 정신을 차린다고 생각했고, 기꺼이 그렇게 해줄 의향이 있었다. 내가 아는 교사들 중에도 교실의 '아름다운 아이들'에게 수치심을 주고 흡족해하는 사람들이 있다. 비수를 꽂는 말로 '줄리'의 코를 납작하게 해줬다며 만족해한다. 그런 교사들을 보고 있노라면 학창시절에 당했던 굴욕이 잠재의식 속에 남아있다가 이제야 표출되는 것이 아닐까 하는 의구심이 든다. 과거를 청산하기 위해 말이다.

채점 방식을 문서화하라

사실, 특출난 아이들을 냉대하는 것은 큰 실수일 수 있다. 학교에서 리더 역할을 하는 이 아이들은 그 영향력이 막강하기 때문이다. 단한 번의 충돌에도 수업에 들어오는 학생 전체를 교사의 적으로 만들어버릴 수도 있다. 특히 학교에서 인기 많은 운동선수가 그렇다. 대개 학교 관리자들은 이 학생이 속한 운동 팀의 열렬한 팬이라 교실에서 소란을 좀 피워도 크게 문제 삼지 않는다. 이 학생들도 이 사실을 잘 알고 있다. 그렇다고 해서 교사가 이 학생에게 주도권을 넘기고 가만히 보고만 있어야 한다는 뜻은 아니다. 오히려 그렇기 때문에 명확한 규칙과 규칙 위반 시의 후속조치, 채점 방식이 필요하다. 또 이러한 교실규칙을 학생들에게 명확하게 설명하고 공정하게 실행해야 한다(부록 203페이지 참조).

학교에서 만나본 인기 많은 운동선수들은 성적 걱정을 해본 적이 거의 없었다. 교사들 또한 학교 대표팀 선수들이 제 기량을 발휘하지 못할까 봐 성적에 대해 별말을 안 한다. 테네시 주에 있는 학교에서 근무할 때, 내 수업을 듣는 아이들 중에 로비라는 학생이 있었다. 당시에 로비는 고등학교 2학년이었는데, 미식축구, 야구, 농구, 트랙경기 등 스포츠라면 뭐든 다 잘하는 운동의 제왕이었다. 로비는 수업시간에 그다지 말썽을 일으키지 않았다. 단지 내 질문에 답을 모르면 그냥 피식 웃어넘기는 일이 많았다. 그러면 함께 수업을 듣는 학생들이 로비에게 재빨리 답을 가르쳐주었다. 로비는 공부에 신경을 쓰지 않았다. 이미 자신의 학교를 위해 뛰어주기를 바라는 몇몇 대학으로부터 러브콜을 받아서 대학 진학이 보장되어있기 때문이다. 나는 로비와 로비의 부모님에게 국어 과목에서 낙제할 수 있다고 수차례 경고했지만, 조금도 걱정하는 눈치가 없었다. 그러다 첫 성적표가 나오고, 로비는 시험 결과가 F인 것을 보고 큰 충격을 받았다.

다음날 나는 교장실에 호출되었다. 로비와 로비의 부모님 그리고 로비의 코치가 나를 기다리고 있었다. 로비의 부모님은 아들의 국어 성적이 좋았던 적이 한 번도 없었다며 시험 결과를 인정했다. 덕분에 좋은 분위기 속에서 면담이 진행되는 듯했다. 그런데 교장선생님이 불쑥 말을 꺼냈다. "아, 선생은 스포츠에 대해 아는 게 없지요? 국어 과목에서 F를 받으면 다음 주에 있는 미식축구 시합에 출전하지 못한다는 사실을 모르셨나 봐요? 알았다면 설마 로비에게 F를 주진 않았겠지요, 안 그래요?" 나는 교장선생님에게 내 정당성을 강하게 주장하며 로비가 정확히 53점을 받았다고 해명했다. 이때부터 분위기는 점점 험악해졌다. 나는 지난 9주 동안 로비가 수업시간에 쓴 글과 제출한 숙제를 완벽하게 기록해놓은 학생생활기록부를 가져왔다. 거기에는 부모님과 전화로 상담한 기록과 로비의 성적 때문에 부모님과 면담을 잡았다가 무산된 기록도 포함되어 있었다.

로비의 부모님은 묵묵히 생활기록부를 한 장씩 넘기며 살펴보았다. 하지만 코치는 곧바로 본론에 들어갔다. "선생님, F를 면할 수 있게 성적 좀 올려주시죠. 다음 시험에서 로비가 더 잘할 수 있게 제가 방법을 찾아볼게요." 코치의 말이 끝나자마자 나는 그런 식으로 로비를 모욕할 수는 없다고 항변했다. 그 순간, 모두가 나를 뚫어지게 쳐다보았다. "성적을 조작한다면 그건 로비가 무능력해서 F를 받았다는 의미잖아요. 그게 되레 로비를 모욕하는 게 아닐까요? 저는 로비가 얼마든지 성적을 잘 받을 수 있다고 생각해요." 로비가 고개를 들어 나를 바라봤다. 나는 직접 로비에게 말했다. "로비, 넌 재능 있는 운동선수야. 세상이 다 알고 있는 일이지. 하지만 넌 총명한 학생이기도 해. 글쓰기로 네 의견을 명확하게 표현하는 법을 배울 수 있다고 선생님은 믿는다. 쉽진 않겠지만 이 도전을 받아들일 각오만 있다면 읽기와 글쓰기 능력을 향상시킬 수 있는 기술을 가르쳐주고 싶구나."

나는 로비가 대체 선수가 필요하지 않은 똑똑한 운동선수라고 비유하면서 끝내려고 했다. 하지만 미식축구 시즌이었다. 그리고 나도 도대체 내가 뭘 말하고 있는지 알지 못했다. 나는 차선책으로 코치를 향해 미소 지으며 말했다. "학생들에게 하는 말을 들어보니, 코치님께서는 운동선수들을 위해 절대 쉬운 길을 택하지 않는다고요." 코치는 내 말을 순순히 수긍했다. 하지만 교장선생님은 기분이 몹시 상한 것 같았다. 나는 이 사건이 터지기 오래전부터 로비는 물론이고 로비의 부모님과 관계가 좋았다. 덕분에 로비와 내가 정기적으로 만나 일대일로 글쓰기 보충수업을 할 수 있게 되었다. 로비는 미식축구 시합에 한 번 빠져야 했다(모교 방문 행사일이 아니어서 정말 다행이었다). 교장선생님은 학점 규칙을 약간 변경했다. 점수가 D마이너스여도 로비가 시합에 나갈 수 있도록 배려한 것이다. 학교 직원들과 학생들 중 일부는 로비를 이렇게까지 엄격하게 다룬 나를 원망했다. 하지만 정작 로비는 학년 말이 되자 나에게 고맙다고 말했다.

다시 말하지만 나는 로비를 대할 때마다 다른 학생들과 똑같이 대하려고 굉장히 노력했다. 그렇지 않았다면 성적표가 나왔을 때 53점(F:59점 이하)이란 점수를 통과 가능한 성적으로 올리려고 엄청난 조작을 했을 것이다. 몇 년 뒤에 이 학교에서 비슷한 상황이 또 벌어졌다. 학교에서 인기 많은 농구선수 한 명이 고등학교 3학년 국어 과목에서 59.89점을 받은 것이다. 담당교사는 강경한 태도를 취하며 점수를 올려주지 않았고, 그 학생은 졸업할 수 없었다. 나라면 그렇게까지 하지 않았을 것이다. 물론 수치상으로는 그게 이치에 맞다. 하지만 담당교사는 '학교 내에서 가장 성적을 짜게 주는 선생님'이라는 자신의 명성에 자부심을 느끼는 것 같았다. 이 분의 설명을 직접 들어보니, 논란을 일으킨 자신의 성적 처리 방식에 흡족해하는 게 분명했다. 고등학교를 다닐 때 자칭 공붓벌레였던 이 선생님은 모든 관심이 운동 잘하는 아이들에게 집중되는 게 화가 났었다는 것이다. 그때 품은 불만이 뒤늦게 터진 게 아닐까 하는 의구심이 드는 건 어쩔 수 없었다.

학생들을 공평하게 대하라

어느 학교에나 부유층의 자녀들이 있게 마련이다. 이 학생들은 새로 뽑은 벤츠나 포르쉐를 몰고 학교에 와서 주차장에 차를 댄다. 중고 볼보나 포드를 탄 교사들에게 손을 흔들기도 한다. 이 학생들이 최신 자동차를 몰며 뽐낸다고 해서 내가 그 학생들을 비방하는 건 옳지 않다고 생각한다. 하지만 가끔은 참지 못하고 순진한 척하며 물어본다. "와, 정말 멋진 자동차구나. 도대체 무슨 직장에 다니는 거니?"

나는 사람들이 흔히 말하는 '불쌍한 부잣집 아이들'을 많이 봤다. 이 학생들은 유리한 조건에 둘러싸여 있지만 끊임없이 재활시설을 들락거리며 힘겹게 살아간다. 모든 남학생들에게는 질투의 대상이자, 여학생들에게는 선망의 대상이던 한 남학생이 있었다. 하지만 이 학생은 졸업한 지 5년 만에 자신의 삶이 너무나 평범하다는 사실을 견디지 못하고 결국 자살을 선택했다. 그 소식을 듣고 나는 마음이 많이 아팠다. 교사는 학생들의 가슴에 영감을 불어넣는 일을 하는 사람이다. 미래에 아이들이 자기 자신뿐 아니라 타인의 삶을 향상시키는 일을 할 수 있도록 도와야 한다. 그러기 위해 교사들은 학생들을 개성과 열망을 가진 고유한 개인으로 대하는 방법을 찾아야 한다.

교사가 특출난 학생들에게 편견을 갖는 것은 어리석은 일이다. 나는 이름만 대면 누구라도 알만한 유명인의 자녀를 가르친 적이 있다.

이 학생은 굉장히 성실하게 공부했으며 특권의식이라고는 조금도 없었다. 다른 학생들과 별반 달라 보이지 않는 이 학생은 지금도 주위로부터 존경받고 있다.

교사는 학생들을 평등하게 대해야 한다. 그러기 위해 모든 학생들에게 배움의 기회가 동등하게 주어질 수 있도록 교실규칙과 규칙 위반 시의 후속조치, 채점 방식을 명확하게 구축해야 한다. 그리고 이 규칙들을 학생들 사이에 형성된 서열에 관계없이 공정하게 적용해야 한다. 그래야 특별대우를 받는 데에 익숙한 학생들에게 훨씬 더 효과적으로 영향력을 행사할 수 있다. 교사가 모든 학생들을 공평하게 대하고 저마다 다른 학생의 개성을 인정해준다면, 학생 한 명 한 명이 자신의 진정한 가치를 깨닫고 스스로를 개발하도록 도울 수 있다.

✱ 학생을 한 명의 인격체로 파악할 방법을 찾으세요. 학생이 쓴 글을 읽어 보거나 수업 외에 시간에 대화를 나누는 것도 좋은 방법이 될 수 있어요.

✱ 여러분의 편견이 교실에서 학생들을 대하는 방식에 영향을 미쳐서는 안 돼요. 누구나 편견을 가질 수 있어요. 만약 과거 경험 때문에 학생이 싫어 진다면 신뢰할 수 있는 동료교사와 상담해보세요. 교사로서 균형 잡힌 시 각을 갖는 데 도움받을 수 있을 거예요.

✱ 학생생활기록부에 학생의 수업활동물을 보관하세요. 학생의 실력이 향상 되거나 반대로 저조해져서 학생이나 부모님 또는 학교 관리자들에게 이 유를 설명할 때 증거물로 요긴하게 사용할 수 있어요.

✱ 학생 별로 부모님과 면담한 날짜, 주제, 제안한 내용을 기록하는 서류철을 만드세요. 부모님이나 상담교사에게 학생에 대한 우려사항이나 성취도와 관련하여 보낸 자료가 있다면 그 복사본도 서류철에 함께 보관하세요.

✱ 성적 채점 방식이 명확하게 설명된 <수업 안내문>을 학생들에게 나눠주 세요(부록 203페이지 참조). 어떠한 경우에도 성적 채점 방식과 교실규칙 그리고 규칙 위반 시의 후속조치를 모든 학생에게 공평하게 적용된다는 내용을 <수업안내문>에 포함시키세요.

5장

교사를 조종하는 아이들

교묘한 조종자인 이 학생들은 일단 잘 드러나지 않는다. 교실 분위기가 엉망진창이 되고 난 뒤에야 이 학생들을 알아보게 된다. 이 학생들은 권력을 지향한다. 그리고 교사에게서 지배력을 빼앗는 방법에 관한 한 무척 영리하다. 게다가 단순히 보고 즐기기 위해 다른 학생들 간에 곤란한 상황을 연출해내기도 한다.

너를 그 사람과 싸움 붙여줄게

―――

에릭 번(캐나다 정신과 의사)의 저서 《심리 게임》 중에서

교실에서 가장 대하기 힘든 학생을 꼽으라고 하면 나는 한 치의 망설임도 없이 '교사를 조종하는 아이들'이라고 대답한다. 이 학생들은 상상할 수 없을 정도로 힘겨루기와 조종에 능하다. 교실 분위기를 망가트릴 뿐 아니라 교사와 학생 간의 긍정적 관계를 끊어버리기까지 한다. 게다가 반항아, 부적응 학생, 특출한 학생들이 쉽게 눈에 띄는 데 반해 이 교묘한 조종자들은 눈에 잘 띄지 않다가 불시에 모습을 드러내 충격을 준다. 특히 신입 교사들은 사소한 문제들이 이 학생들과의 전면적인 힘겨루기로 번질 수 있다는 걸 예측하지 못한다. 그래서 이 아이들이 반항아보다 교사를 더 힘들게 할 수도 있다. 한 가지 흥미로운 점은 이 학생들이 이 책에서 다루고 있는 여러 학생 유형을 넘나든다는 것이다. 즉 교사를 조종하는 학생이 동시에 반항하는 학생이나 괴롭힘을 당하는 학생, 또는 완벽을 추구하는 학생이기도 하다.

학생이 놓은 덫에 걸려들지 마라

캘리포니아에 있는 학교에서 근무할 때였다. 내가 수업하는 교실 가까이 있는 다른 교실에서 학생들을 가르치던 리즈 선생님이라는 분이 있었다. 대학을 갓 졸업하고 교사가 된 지 1년밖에 안 된 신입교사였는데, 높은 이상과 뜨거운 열정으로 학생들을 대했다. 나는 리즈 선생님이 학생들한테 상처입지 않을까 걱정되었다. 그래서 교실규칙을 만들 때 도움이 필요하면 언제든지 말하라고 했다. 하지만 선생님은 상냥하게 웃으며 아직 정식으로 규칙목록을 만들지는 않았지만, 학생들에게 예의 바르게 행동하도록 주의를 주면 될 것이라고 대답했다. 또 문제가 발생하면 그때그때 해결방법을 찾아보겠다고 했다.

당시에 리즈 선생님은 중학교 3학년 수학 보충수업을 맡고 있었다. 들뜬 목소리로 학생들이 수학의 기초를 다지고, 수학에 흥미를 갖도록 돕는 다양한 활동들을 나에게 설명해주었는데, 모두 자신이 대학에 다닐 때 강의를 들으면서 직접 개발한 방법이라고 했다. 나는 도움이 필요하면 언제든 찾아오라고 다시 한 번 말했다. 사실 보충수업은 가르치기가 만만치 않다. 대개 이런 수업은 신입교사들이 맡는데, 매번 신고식을 호되게 치르는 것처럼 보였다.

내가 예전에 가르쳤던 학생 마이클이 리즈 선생님이 맡은 수학 보충수업을 듣는다고 했다. 마이클은 《학생들의 심리게임》이라는 책에서 저자 켄 언스트가 '소동을 일으키는 학생'으로 분류한 유형의 학생이었다. 마이클은 첫 수업에서는 특별히 무례하다고 느낄만한 행동은 하지 않았다고 한다. 그런데 일주일 뒤, 리즈 선생님은 자신이 마이클의 심리전에 넘어가고 있다는 것을 깨달았다고 했다.

내 기억으로 두 사람이 처음 줄다리기를 시작한 것은 과제물 때문이었다. 늘 그렇듯 과제물은 교사와 학생 간에 힘겨루기가 벌어지는 대표적인 원인이다. 리즈 선생님은 학생들에게 수업이 끝나면 교실에서 나가기 전에 과제물을 제출하도록 했다. 그리고 다음 날 채점한 과제물을 학생들에게 일일이 나누어주었다. 과제물을 잘한 학생들은 칭찬해주었고, 그렇지 못한 학생들은 격려하면서 도와줄 테니 방과 후에 찾아오라는 말을 잊지 않았다. 이날도 마찬가지로 선생님이 과제물을 나누어준 뒤 수업을 시작하려고 교실 맨 앞으로 돌아왔을 때였다.

"선생님, 제 과제물은 어디에 있어요? 저한텐 검사한 과제물 안 돌려주셨잖아요!"

마이클이 대뜸 큰 소리로 말했다. 리즈 선생님은 친절하게 미소를 지으며 말했다.

선생님: 마이클, 어제 교실에서 나갈 때 넌 아무것도 제출하지 않았어. 기억 안 나니?

마이클: 아니에요, 분명히 제출했어요. 어쩌면 선생님 책상에 있을지도 모르니까 잘 찾아보세요.

선생님: 선생님 책상엔 없어. 어제 저녁에 채점할 때 분명히 없었어. 너만 과제물을 제출하지 않은 것으로 선생님은 기억해.

마이클: 그럼 제 과제물만 잃어버리셨다는 거예요?

선생님: 아니, 넌 처음부터 과제물을 제출하지 않았어. 하지만 내일이라도 제출하면 점수는 좀 깎이겠지만 받아줄게.

마이클: 선생님이 제 과제물을 잃어버리셨는데, 왜 제 점수가 깎여야 하죠!!??

마이클은 눈을 동그랗게 뜨며 말도 안 된다는 듯한 표정을 지었다. 그러더니 갑자기 자리에서 벌떡 일어나 소리치듯 말했다.

마이클: 제임스, 너 어제 내가 선생님한테 과제물 내는 거 봤지? 너 바로 앞에 내가 냈잖아, 안 그래?

제임스: 그래 맞아, 내가 분명히 봤어. 그러고 나서 우리 둘이서 교실 밖으로 같이 나왔잖아.

교실 여기저기서 동요가 일어났다. 마이클을 싫어하는 학생들은 "입 좀 닥쳐, 마이클. 너 어제 숙제 안 냈잖아."라고 소리치는가 하면, 마이클과 친한 학생들은 상관 말고 조용히 하라며 도리어 고함을 질렀다. 리즈 선생님은 상황을 통제하지 못하고 있다는 생각에 공포를 느꼈다. 수업시간도 40분밖에 남지 않았음을 감지했다. "알았어, 알았어, 마이클 진정해라. 이번엔 네 말을 믿어줄게. 과제물이 어딘가에 떨어졌나 보네. 이번 딱 한 번만 봐주는 거야." 선생님의 말에 마이클은 못마땅한

듯 "감사합니다."라고 대답한 뒤 그제야 자리에 앉았다. 마이클은 조용해졌고, 선생님은 비로소 수업을 시작할 수 있었다.

마이클은 같은 전략을 계속 사용했다. '잃어버린 과제물'을 비난하는 사이사이에 조심스럽게 간격을 두면서 말이다. 마이클의 승리로 끝나는 소소한 사건들은 무수히 많았다. 이를테면 지각을 하거나 시험 답안지에 답을 모호하게 써놓고 우기기 등이 있었다. 시험 답안지의 경우는 숫자를 5인지 3인지 분간하기 어렵게 쓰는 식인데, 그 글자를 본 사람은 누구라도 마이클의 의도를 알 수 있을 정도였다.

얼마 지나지 않아 리즈 선생님은 마이클에게 완전히 휘둘리게 되었다. 심지어 마이클의 잘못을 명백하게 알아차리고도 충돌을 회피하려고 보고도 못 본 척하는 지경에 이르고 말았다. 수업시간을 허비해야 할 만큼 가치 있는 일이 아니라고 판단한 것이다. 또 다른 학생들도 배려해야 했다. 문제는 마이클을 핑계 삼아("선생님, 마이클이 지각했을 때는 감점을 안 하셨잖아요!") 제멋대로 구는 대여섯 명의 학생들이 생겨난 것이다. 한 학기의 절반이 지나기 전까지 이 문제를 해결해야 했다.

리즈 선생님은 새 학년이 시작된 지 2주도 채 지나지 않아 내게 도움을 요청했다. 다행히 마이클은 중학교 1학년 때 내가 가르친 학생이라 나는 마이클에 대해 모든 걸 알고 있었다. 당시에 마이클은 나를 그리 힘들게 하지는 않았다. 내가 경험이 많은 교사라는 것을 알아챘기 때문이다. 하지만 그렇다고 충돌이 없었던 것은 아니다.

첫 수업에서 나는 마이클이 교사를 조종하려는 아이라는 걸 한 눈에 알아차렸다. 그날 나는 학생들에게 펜과 종이를 꺼내 몇 가지 사항을 받아 적게 했었다. 그런데 마이클이 펜이 없다는 핑계로 소란을 피우기 시작했다. 내게는 펜이 많았다. 교탁 위에 늘 펜과 연필이 가득 든 필통을 준비해두었는데, 그건 펜 따위로 학생들과 실랑이를 벌이고 싶지 않았기 때문이다. 마이클이 펜이 없다며 다시 소동을 일으키려는 찰나, 나는 연필을 들고 마이클 곁으로 다가가서 아무 말 없이 상냥하게 마이클 책상 위에 올려놓았다. 그런 다음 곧바로 학생들에게 하나도 빠짐없이 지시사항을 전달했다. 만약 내가 '이 교실에서 힘 있는 사람이 누구지?'와 같은 게임을 한 판 벌였더라면 어떻게 됐을까? 아마도 마이클이 조종하는 대로 휘둘리면서 '춤'을 췄을지도 모른다.

그 '춤'은 이렇다. 교사가 수업을 시작한다. 교사를 조종하려는 아이가 교묘하게 수업을 방해한다. 교사는 그만하라고 말한다. 아이는 그런 적 없다고 발뺌하며 도리어 교사에게 뒤집어씌운다. 교사는 예의 바르게 말하라고 얘기한다. 아이는 '그럼 선생님도 예의 바르게 말씀하시죠?'라며 되받아친다. 자, 옆으로, 옆으로 그리고 한 바퀴 휙 도세요!

이때 나머지 학생들은 각자의 생각에 따라 두 패로 나뉜다. 우선 한 패는 자기 자리에 가만히 앉아 충돌이 가라앉기를 기다린다. 다른 한 패는 자리에서 일어나 동조한다. 젊고 순진한 교사의 약간 서툰 듯한 약점이 확인되면 자기들의 친구를 돕는다. "그냥 펜이 없다고 한 것

뿐인데 왜 그러세요?" 상황이 이 지경까지 이르렀다면 머지않아 교사가 학생보다 먼저 제풀에 지치고 만다.

── 수업의 질을 높여 학생들을 몰입시켜라

교사를 조종하려는 아이들은 대결을 통해 힘을 얻는다. 특히 진정한 힘의 본질을 모르는 교사의 수업을 노린다. 물론 교사들도 협박하기, 낙제점수 주기, 고립시키기, 학생들 앞에서 모욕주기, 교장실에 데려가기와 같은 거짓된 힘으로 학생들을 통제할 수는 있다. 하지만 그건 기껏해야 일시적인 해결책일 뿐이다. 진정한 힘은 학생들이 수업시간에 예의 바르게 행동할 때 드러난다. 교사로부터 배우고 싶은 게 있기 때문이다. 그래서 학생들이 기꺼이 교사에게 교실의 통제권을 맡길 때 학생들은 진정한 힘을 이해할 수 있게 된다.

신입교사들과 일을 할 때 내가 첫째로 강조하는 개념이 있다. 교사들은 학생들을 가르칠 수 있는 지식이 있기 때문에 학생과 학부모들을 위해 일한다는 사실이다. 그리고 가르치는 일에 보람을 느끼기 때문에 일을 한다. 학생들에게 자신이 담당한 교과목에 대해 뜨거운 열정을 내보이고 전문성을 입증할 수 있다면 교사는 학생 한 명 한 명이 자신의 목표를 달성하도록 도울 수 있다. 이것이 진정한 힘이다. 이제 수업은 교사의 통제에서 벗어나 자유롭게 이루어진다. 교사는 질 높은 수업을 하고, 학생들은 그 가르침을 받아들이는 훌륭한 관계를 맺는 것이다.

―― 학생의 행동 양식을 기록하라

나는 마이클과의 문제를 해결할 수 있도록 리즈 선생님을 본격적으로 돕기 시작했다. 우선 마이클이 가진 장점에 대해 이야기를 나누었다. 우리 두 사람은 마이클이 총명하고 영리하며 유머감각이 좋다는 데 동의했다. 그러면서 머릿속으로 악마가 마이클에게 지나치게 많은 힘을 건네주는 장면을 떠올렸다. 나는 이 문제가 눈덩이처럼 커지기 전에 마이클의 부모님에게 연락하라고 조언했다. 언제든 대화할 수 있는 창구가 필요하기 때문이다. 나는 마이클의 조종 기술이 학교를 다니기 전, 가정에서부터 길러졌을 가능성이 크다고 생각했다. 그래서 부모님과의 대화가 마이클을 이해하는 데 도움이 될 것이라고 넌지시 말했다.

우리는 마이클이 가장 즐겨하는 "선생님이 잘못했잖아요, 난 했단 말이에요!" 식의 언쟁을 없애기 위해 계획을 세웠다. 선생님은 교탁 위에 과제물용 특별 상자를 올려놓은 뒤, 가끔 과제물이 없어져 걱정되니 이제부터는 상자 안에 넣으라고 학생들에게 말했다. 그리고는 학생들이 과제물을 제출하는 동안 리즈 선생님은 학생 한 명 한 명의 이름을 신속하게 확인했다.

이제 겨우 시작일 뿐이었다. 마이클과 같은 노련한 전문가는 '과제물 상자'라는 기발한 방법을 금세 알아챌 게 분명했다. 나는 리즈 선생님이 마이클(뿐 아니라 다른 학생들)에 관한 기록장을 만드는 걸 도왔다. 선생님은 마이클과 이런저런 충돌이 발생했던 날짜와 그 특징을 기

84

록장에 적었다. 마이클이 지각을 하거나 교사에게 과제물을 잃어버렸다고 뒤집어씌우거나 그 밖의 일로 부당함을 호소할 때마다 마이클에게 종이를 건네주었다. 그리고 방금 발생한 문제를 한두 문장으로 요약해서 종이에 적게 하고 날짜를 쓰고 서명을 하게 했다. 이 종이는 마이클의 기록장에 함께 보관했다.

드디어 마이클 부모님이 교사가 왜 불쌍한 아이를 괴롭히는지 궁금해하면서 면담을 요청해왔다. 이날 리즈 선생님은 테이블 위에 기록장을 펼쳐 마이클의 행동이 기록된 전부를 보여주었다. 물론 마이클이 직접 쓴 종이도 있었다. 나는 리즈 선생님에게 면담을 하면서 마이클을 비난하는 말은 절대 하면 안 된다고 조언했다(마이클이 의도하는 대로 춤추지 말 것). 대신 문제가 있었음을 시인하고 마이클과 부모님 모두에게 도움을 이끌어내라고 말해주었다. 그 결과 마이클과 마이클의 부모님, 리즈 선생님은 힘을 합쳐 마이클이 과제물을 매일 상자에 제출할 수 있도록 대책을 세울 수 있었다. 또 제출하고 난 다음에는 마이클 스스로 책임지고 자신의 과제물을 보관하도록 했다. 면담하는 동안 대화는 책임을 따지기보다 해결책을 찾는 데 초점이 맞춰졌다.

대개 신입교사가 이런 문제로 학부모와 면담할 때는 경력이 풍부한 교사가 동석하는 것이 중요하다. 리즈 선생님은 주임선생님에게 도움을 요청했다. 보통 주임선생님은 교사를 조종하는 아이들을 다룬 경험이 풍부하기 때문에 상담할 때 큰 도움이 된다. 가령 마이클이 자신

의 잘못을 인정하고 서명했던 종이들이 테이블 위로 쏟아질 때 잘 안다
는 듯 제때에 너털웃음을 터트려주는 식이다.

지각생이 없는 수업을 어떻게 만들었을까?

신입교사들은 사소한 문제들이 교실에서 전면적인 힘겨루기로
번질 수 있다는 걸 예측하지 못한다. 학년 초에 리즈 선생님은 수업시간
에 지각하지 말라고 학생들에게 분명하게 지시했다. 하지만 가끔씩 늦
게 오는 학생들을 못 본 척 눈감아주었다. 그러자 지각하는 학생들이
점점 더 늘기 시작했다. 그중에는 경계를 넘나드는 용감한 학생들도 몇
명 있었는데, 50분 수업에 5분이나 10분이 지나서야 허겁지겁 교실에
들어왔다. 리즈 선생님은 규칙을 어겼을 때 실행할 후속조치를 단순하
고 명확하게 만들고, 모든 학생에게 공평하게 적용할 필요가 있었다.

리즈 선생님은 지각생이 한 명도 없는 날만 손꼽아 기다렸다(그
래야 아무도 죄책감을 느끼지 않을 테니까). 마침내 그런 날이 왔다. 선생님
은 지각하는 학생들이 많아서 걱정된다는 말로 운을 뗐다. 그리고 수업
을 정각에 시작해야 하는 이유를 설명했다. 학생들이 수업에서 배워야
할 것들이 많고, 그 많은 정보 중 어느 것 하나도 놓치지 않기를 바라서
라고 말했다. 수업에서 다루는 내용이 학생들이 자신의 목표를 달성하
는 데 큰 역할을 한다는 말도 덧붙였다(수학이 얼마나 유용한 과목인지 학

생들에게 강조한 것이다!). 이어 리즈 선생님은 오늘부터 지각생들에게 새로운 방침을 시행하겠다고 말했다. 학생들의 신음소리가 교실 여기저기서 울려 퍼졌다. 하지만 선생님은 한 발자국도 뒤로 물러나지 않았다.

수업을 하려고 교실로 오는 도중에 문제가 생길 수 있다는 거 알고 있어요. 선생님도 교무실에서 누가 뭘 물어보려고 붙잡으면 수업시간에 몇 분 늦기도 하니까요. 그래서 선생님이 좋은 해결방법을 생각해냈어요. 지금부터 여러분에게 두 번의 지각을 허용해주겠어요. 아무런 책임도 묻지 않을 거예요. 무조건이요. 복도에서 누구를 마주치든, 교재가 사방에 날아다니든, 화장실이 북적거리거나 상담선생님이 붙잡고 안 보내주셨든, 이유가 뭐든 상관없어요. 그냥 조용히 들어와 자기 자리에 앉은 다음 수업을 들으세요. 수업에 방해되니까 왜 늦었는지 이유도 절대 말하지 마세요. 지각 2회까지는 크게 걱정하지 않아도 돼요. 수업을 마친 후 선생님이 출석부에 지각 사항을 기록하겠지만 후속조치는 없을 거예요.

지각을 3회 한 날도 행동은 똑같이 하면 돼요. 조용히 교실에 들어오세요. 변명을 하거나 수업을 방해하는 일이 있어선 안 돼요. 대신 선생님이 벌점 쪽지를 줄 거예요. 지각 3회부터는 1점씩 감점을 받고, 4회부터는 감점과 함께 방과 후에 남아야 하는

데, 그리 큰 문제가 되진 않을 거예요. 특별한 일이 생겨 10분 이상 지각한다면, 먼저 교장실로 가야 해요. 수업을 빠진 것과 다름 없기 때문이에요.

리즈 선생님은 나중에 이 이야기를 내게 해주었는데, 아이들이 그저 자기를 뚫어져라 쳐다보았다며 유쾌해했다. 사실 학생들은 선생님 으로부터 선물을 받은 것이라 항의를 할 수 없었던 것이다. 또한 이제부 터 학생들은 수업에 지각을 하면 책임이 뒤따른다는 것도 알게 되었다.

리즈 선생님은 첫해를 롤러코스터를 타는 기분으로 보냈다. 하지 만 교실에는 세부적인 규칙과 이를 어길 경우에 실행할 후속조치가 필 요하다는 깨달음을 얻었다. 이렇게 해야 학생들이 공평하게 대우받는 다고 느낀다는 사실도 배웠다. 또 마이클 같은 학생이 자신을 미워해서 교사가 말도 안 되는 규칙 위반 조치를 만들었다고 비난하는 일이 생기 지 않는다는 것도 말이다.

'죄책감'을 갖지 마라

교사를 조종하려는 아이들이 교사를 좌절하게 만드는 수법은 여 러 가지가 있다. 그중에 하나를 나는 '해결할 수 없는 의견충돌'이라고 부른다. 교사를 조종하려는 학생들은 교사가 취한 조치나 교사가 내린

결정이 과하다며 화를 낸다. 어떻게든 교사를 곤란에 빠트리고 싶어 한다. 예를 들어 교내에서 학생이 담배를 피우다가 교사에게 들켰다고 치자. 학교에 담배를 몰래 들여왔다고 해서 교사가 학생을 혐오하는 일은 거의 없다. 교사 본인도 학창시절에 비슷한 경험을 했기 때문이다. 화장실 안에서 흘러나오는 담배냄새를 맡으면 대부분의 교사들은 화장실 문을 쾅쾅 두들겨 안에 있던 학생을 밖으로 끌어내는 게 전부다. 어쩌다 학생이 처음 들어왔을 때부터 화장실 안에 담배냄새가 가득했는데 자기한테 왜 그러냐고 항의라도 하면 교사는 애꿎은 눈알만 이리저리 굴릴 뿐이다. 고작 경고만 주고 학생을 보내주는 것 말고는 달리 뾰족한 수가 없다.

　　대부분의 학교가 교내에서 학생이 담배를 피우다 발각되면 1주일간 정학처분을 내린다. 그런데 어떤 교사는 학생들이 가혹하게 처벌받기를 원치 않아 일부러 못 본 척하기도 한다. 물론 이러한 처벌이 학생들이 자초한 결과라는 것을 여러분과 나는 잘 안다. 하지만 교사를 조종하려는 아이들은 자신의 잘못을 교사에게 뒤집어씌우는 데 능숙하다.

　　지난 5월의 어느 아침이었다. 나는 수업이 시작되기 전, 차에 두고 온 물건을 꺼내려고 주차장 쪽으로 걸어가고 있었다. 그때 중학교 3학년 여학생과 고등학교 3학년 남학생이 차 안에 앉아서 이야기를 나누는 장면이 눈에 들어왔다. 내가 근무하던 이 학교는 수업이 있는 날 통행증 없이 학생들이 주차장에 가면 안 된다는 규칙이 있었다. 게다가 중학교 3학년 여학생인 레지나를 걱정하는 교사들이 많았다. 자기보다 나이가 훨씬 많은 상급생들하고만 어울리려고 하는 등 좋지 않은 모습을 보였기 때문이다.

　　나는 미소 띤 얼굴로 자동차 유리창을 두드리고는 차창을 내리라고 손짓을 했다. 두 학생은 깜짝 놀란 듯했다. 레지나는 얼른 밖으로 나오더니 변명하듯 말했다. "그냥 얘기만 나누었어요." 나는 일단 그 말을 믿는다고 말했다. 하지만 두 학생은 학교 주차장에 있는 자동차 안에서 이야기를 나눈 게 규칙 위반임을 알고 있었고, 나는 이 사실을 교장선생님께 알려야 하는 입장이었다.

　　다행히 고등학교 3학년 남학생인 로버트는 부적절한 시간에 부적절한 장소에 있었음을 시인했다. 하지만 레지나는 별일 아닌데 왜 문제를 삼느냐며 격분했다. 나는 다른 학생이 주차장에 있는 걸 봤더라도 똑같이 조치했을 것이라고 대답했다. 또 이것은 교사로서 해야 할 일이고, 레지나가 안전하게 학교를 다닐 수 있게 조치를 취하는 일이라고 거듭 설명했다. "나쁜 짓은 조금도 하지 않았어요! 그냥 얘기만 했다니까요!" 레지나는 고집스럽게 자신이 위험한 상황에 있지 않았다고 주장했다. 나는 그 말을 믿는다고 하며 레지나를 안심시켰다. 그렇지만 학교가 주차장과 관련한 규칙을 만든 이유는 과거에 각종 문제들이 모두 주차장에서 발생했기 때문이라고 설명했다.

　　교장선생님은 로버트의 부모님과 레지나의 부모님에게 면담 요청을 했다. 이 일이 있은 뒤, 레지나는 남은 학기 동안 나와 조금도 말을 섞으려고 하지 않았다. 9월이 되어 새 학기가 시작되자 처음 얼마간 레지나는 아무렇지 않은 듯 보였다. 그러다 레지나가 학교 문학지를 만드는 활동에 수강신청을 했고, 지도 교사이던 나는 이 기회를 통해 조금씩 관계를 회복하려고 했다. 실제로 10월까지 나와 레지나는 아무 문제 없이 잘 지내는 듯했다.

그러던 어느 날, 수업이 끝난 뒤 레지나가 나를 도와 물건 정리를 해주었다. 나도, 레지나도 다음 수업이 비어있던 터였다. 나는 레지나에게 고맙다고, 다시 좋은 친구가 되어 기쁘다고 내 마음을 전했다. 그러자 레지나가 갑자기 의자에 털썩 주저앉더니 소리쳤다. "하지만 전 지금도 선생님한테 엄청 화가 나요. 선생님이 로버트와 저에 대해 얘기하는 바람에 모든 일이 꼬여버렸단 말이에요!"

나는 다섯 달도 더 지난 일로 레지나가 아직까지 속을 끓이고 있다는 사실에 조금 놀랐다. 책임감을 느끼며 나는 레지나와 마주 앉았다. 그리고 5월의 그날 아침, 자동차 안에 있던 레지나를 보고도 못 본 척할 수 없었다고 말했다. 이에 질세라 레지나는 그냥 경고를 주는 것만으로도 충분했는데 왜 문제를 크게 만들었냐고 나에게 따졌다. 그 일로 로버트와 졸업파티에도 가지 못했고, 이제는 로버트가 대학에 가버려서 더 이상 행복했던 예전으로 돌아갈 수 없다는 것이었다. 레지나는 이 모든 책임이 나에게 있다며 화를 냈다. 입에서 튀어나오는 대로 열변을 토하는데 그 모습을 가만히 보고 있자니 웃음이 터져 나오려고 했다. 온통 논리에 맞지 않은 말뿐이었다. 나는 그때 겨우 열다섯 살인 레지나와 열아홉 살인 로버트를 지키는 것이 교사로서 나의 책임이라고 다시 한 번 분명하게 말해주었다.

레지나는 도무지 진정될 기미가 보이지 않았다. 내 입장을 설명할수록 화만 더 돋울 뿐이었다. 그러는 사이 시간이 너무 많이 흘러버렸다. 나는 빨리 오해가 풀려서 한 시간 전의 관계로 돌아가기를 바랐지만, 레지나는 그럴 생각이 없어 보였다.

결국 나는 자리에서 벌떡 일어났다. 다음 수업을 준비해야 하는데 우리 얘기가 결론이 나지 않는다고 말했다. 그러자 레지나가 갑자기 내 팔을 부여잡으며 말했다. "하지만 선생님이 다 망쳐놓았잖아요!" 허탈해진 나는 레지나를 향해 돌아서며 물었다. "내가 어떻게 하기를 바라니? 타임머신이라도 만들어 5월로 되돌아갈까? 그래서 모든 일을 다시 바꾸어 놓을까?" 그러자 레지나가 쏘아붙였다. "네, 그게 바로 제가 원하는 일이에요!" 나는 잠시 레지나의 얼굴을 바라보았다. 그리고 우리 얘기가 이상한 쪽으로 흘렀지만 30분 전에 이미 끝난 일이니, 이제 그만 수업을 하러 가야겠다고 말했다. 레지나는 내 뒤를 따라오기 시작했다. 나는 걸음을 멈추지 않고 계속 걸어갔다.

그날 저녁, 나는 레지나와 벌였던 황당한 언쟁을 마음속에서 지울 수가 없었다. 그때 주차장에서 내가 어떻게 대처했어야 했던 건지 거듭 생각해보았다. 열아홉 살 된 상급 남학생을 사귀기에는 레지나의 나이가 너무 어리다는 생각도 들었지만, 한편으로 졸업파티에 갈 수 없었던 레지나에게 측은한 마음이 생기기도 했다. 하지만 그건 어디까지나 레지나의 잘못된 선택에 의해 벌어진 일이었다.

다음 날 아침 눈을 떴을 때 좋은 생각이 떠올랐다. 레지나에게 도움이 될 수도 있겠지만 반대로 우리 관계를 망가트리는 끔찍한 폭탄이 될 수도 있는 생각이었다. 나는 컴퓨터 앞에 앉아 전날 레지나가 나에게 퍼부었던 말들을 다섯 문장으로 요약했다. 그걸 인쇄해 봉투에 넣고 봉투의 겉면에 레지나 이름을 적었다.

오전에 내 교실 앞을 지나가는 레지나에게 잠시 이야기 좀 하자고 말했다. 조금 짜증 난 표정이었지만 다행히 그냥 가버리지는 않았다. 나는 전날 나눈 대화에 대해 걱정을 많이 했다고 레지나에게 말했다. '내 말이 옳고, 네 말은 틀렸어.'와 같은 식이 아니라, 우리가 나눈 대화가 아무런 해결책 없이 끝없이 같은 얘기를 되풀이했다는 사실에 초점을 맞췄다. "너도 잘 알다시피 과거로 돌아갈 방법이 없잖니? 하지만 이게 문제를 해결하는 데 도움이 될 거라 생각했어." 나는 준비한 봉투를 레지나에게 내밀었다.

"어떤 논쟁은 때때로 문제가 당장 해결되지 않을 수 있어. 다만 네가 원하는 건 상대가 네 말을 알아들어달라는 거잖아. 그래서 어제 네가 나한테 했던 말을 적어봤는데, 읽어보고 네가 하려던 말을 내가 정확하게 이해했는지 알려줘.” 레지나는 피식 웃으며 마치 내가 제정신이 아니라는 듯 쳐다보았다. 하지만 곧 인쇄물을 읽어 내려갔다. 나는 레지나의 말투와 어휘를 그대로 재현하려고 최대한 노력했다. “선생님이 주차장으로 걸어 들어왔고, 로버트와 내가 자동차 안에 있는 걸 보았고, 선생님이 밖으로 나오라고 말했는데 우린 아무 짓도 하지 않았어요.……”

레지나는 두 번을 읽었다. 그러고는 문장 하나가 틀렸다고 말했다. 부모님 때문에 로버트의 졸업파티에 못 간 게 아니라고 했다. 주차장 사건 이후 두 사람 사이가 완전히 꼬이는 바람에 로버트가 졸업파티에 레지나를 초대하지 않았다는 것이다. 나는 그 부분에 동그라미를 표시하라고 했다. 그것 말고도 정확하지 않은 내용이 더 있는지 잘 살펴보라고 했다. 조금 뒤에 내가 말했다. “나는 이 문장들을 쓸 때 네 관점에서 쓰려고 무척 노력했어. 오늘 안으로 너도 내가 했던 말을 글로 적어봤으면 해. 내 입장에서 그 상황을 어떻게 받아들였는지를 몇 문장으로 요약하면 돼.” 레지나는 내가 준 인쇄물을 교탁 위로 던지면서 소리를 질렀다 “전 못 해요!”, “그게 쉽지 않다는 것은 잘 알아. 그렇지만 문제를 다른 사람의 관점에서 바라보려고 노력하는 법을 배울 수 있다면 넌 많은 이득을 얻게 될 거야. 내 말에 무조건 동의하라는 뜻은 아니야. 단지 상대방이 무엇을 말하려고 했는지 그 내용을 정확히 써보라는 뜻이야.”

레지나는 나를 노려보더니 교실 밖으로 나갔다. 그러다 갑자기 생각이 바뀌었는지 몸을 획 돌려 이렇게 말했다. "그 종이 주세요, 선생님이 어떻게 쓰셨는지 봐야 제가 쓸 수 있잖아요." 이삼일쯤 지나서 나는 레지나가 쓴 글을 건네받았다. 읽어보니 몇 군데는 너무 주관적이라 수정할 필요가 있었다. 레지나의 동의를 얻어 그 문장들을 수정하고 나니 정확히 3개의 문장이 남았다. 첫 문장은 이렇게 시작하고 있었다. "나는 로버트와 레지나가 자동차 안에 앉아있는 모습을 보았어. 학생들이 주차장에 있는 건 규칙에 위배되기……."

교사를 조종하려는 아이들은 다른 사람의 약점을 이용해 자신이 원하는 것을 얻어내는 능력이 뛰어나다. 앞서 소개한 마이클은 신입교사인 리즈 선생님이 학생들로부터 공평한 교사로 인정받고 싶어 한다는 것을 꿰뚫어보았다. 그래서 기회가 닿을 때마다 "불공평해요!"라고 외쳤고, 리즈 선생님을 자기가 의도한 대로 이리저리 휘둘렀던 것이다.

그러나 내 경우는 좀 달랐다. 나는 대부분의 학생들과 이미 사이가 좋았고, 학생들이 나를 신뢰한다고 느끼고 있었다. 레지나는 이 사실을 잘 알고 있었다. 그래서 내가 잘못된 판단으로 레지나에게 큰 상처를 입혔다는 사실을 깨달으면 무척 고통스러워할 것이라고 생각한 것이다. 며칠 전 나는 무려 45분 동안 레지나와 티격태격하며 언쟁을 벌였다. 평소에 하던 대로 했다면 언쟁을 짧게 끝내고 바로 교실 밖으로 나왔어야 했다. 하지만 나는 아무런 해결책도 없는 논쟁을 무의식적으로 계속하고 있었던 것이다.

얼마 뒤, 대학생이 된 로버트가 곧 집으로 돌아온다는 소식을 들었다. 나는 그제야 이 모든 상황이 이해되었다. 레지나가 원한 것은 내가 실수를 인정하고 로버트의 부모님을 설득해서 다시 로버트와 사귈 수 있게 해주는 것이었다. 사실 레지나는 그때 내가 자기를 배신하고 교장선생님에게 그 일을 알린 행동 때문에 기분이 언짢아하는 걸 알고 일부러 나를 골탕 먹인 것이다. 나는 레지나가 놓은 자책감이라는 덫에 걸려들었던 것이다.

전문가다운 모습이 최고의 자기 방어

그래도 여기까지는 학생 수준을 벗어나지 않았다. 하지만 몇몇 '교사를 조종하려는 아이들'은 극단적인 면모를 보여주기도 한다. 내가 아는 젊고 재능 있는 선생님 한 분은 교실 문을 닫은 채 여학생과 상담했다는 이유로 실직당했다. 그 여학생은 전형적인 '교사를 조종하는 아이'인데, 교사가 자신을 성희롱했다며 고소를 했다. 교사가 변명할수록 여학생의 입장만 유리해지는 상황이었다. 나중에 안 사실이지만 이 여학생은 그 젊은 교사를 짝사랑했다. 하지만 아무리 환심을 사려고 해도 반응을 보이지 않자 교사에게 복수했던 것이다.

나 역시 교사를 조종하는 아이가 파놓은 함정에 빠진 적이 있다. 그날 나는 점심시간에 햇볕이 내리쬐는 자리에 앉아 학생들이 쓴 글을 교정하고 있었다. 그때 2교시에 내 수업을 듣는 에이프릴이 내 옆자리로 와 앉았다. 에이프릴과 나는 이런저런 잡담을 즐겁게 주고받았다. 수업을 방해하며 나를 짜증나게 했던 한 남학생의 이야기를 하면서 한바탕 웃기도 했다.

그 남학생의 이름은 벤이었다. 벤은 그날까지 써오기로 한 에세이를 제출하지 않았다. 그래놓고 자신은 하늘에 맹세코 에세이를 다 썼다고 우겼다. 컴퓨터가 말썽을 일으키는 바람에 파일이 날아갔을 뿐이라는 것이다. 교사라면 "강아지가 내 숙제를 먹었어요." 또는 "컴퓨터 때문에 숙제가 삭제되었어요." 같은 변명을 들어보지 않은 사람이 거의 없을 것이다. 나는 늘 하던 대로 대답했다. "내가 나눠준 설명서를 봤더라면 이런 일에 충분히 대비했을 거야. 숙제 백업 파일 몇 개 정도는 만들어 놨어야지. 미안하지만 에세이를 다시 써서 내일 제출하도록 해. 너도 알다시피 과제물을 늦게 제출하면 하루에 5점씩 감점될 거야." 벤은 깜짝 놀라 불공평하다고 투덜거렸지만 나는 신속히 다음 수업을 진행했다.

에이프릴과 나는 그날 아침 수업이 끝날 즈음 벤이 어설픈 변명으로 감점을 면하려 했던 일을 떠올리고 깔깔대며 웃었다. 나는 별생각 없이 이렇게 말했다. "아휴, 귀여운 벤, 또 숙제를 잃어버렸다고 하다니! 세상 사람들은 아마 벤이 가끔씩 컴퓨터에게 먹이를 넣어준다고 생각할 거야. 때가 되면 기다렸다는 듯 컴퓨터가 벤의 숙제를 먹어치우니 말이야. 다른 선생님들도 벤이 수업시간에 똑같은 변명을 한다고 그러더라고." 에이프릴과 나는 화제를 바꿔 계속해서 이런저런 사소한 일들을 이야기했다. 이번 주 후반쯤에 비가 올지 안 올지, 학교에서 두 블록 떨어진 곳에 새로 개업한 맛있는 아이스크림 가게가 어떤지, 요즘 가장 좋아하는 노래가 뭔지 등등. 그러고 나서 나는 에이프릴과 나눈 대화는 전부 잊은 채 퇴근했다.

다음 날 아침이었다. 벤이 교실 안으로 쏜살같이 들이닥치더니 어떻게 자기를 거짓말쟁이라고 손가락질할 수 있냐며 따지기 시작했다. 나는 한동안 벤이 무슨 말을 하는지 도무지 이해할 수가 없었다. 에이프릴이 벤에게 전화해서 나와 나눈 이야기를 전해주었다는 얘길 듣고 나서야 모든 사태가 파악되었다. 벤은 컴퓨터가 고장 나 숙제를 못 했다는 자신의 말을 모든 선생님들이 거짓말로 여긴다고 말한 적이 있냐고 내게 따져 물었다. 엄밀히 따지면 벤의 말이 옳았기 때문에 나는 우선 사과를 했다. 하지만 거짓말쟁이라고는 부르지 않았다고 말해주었다.

벤은 내가 생각했던 것보다 과제물을 제시간에 제출하지 못한 문제를 훨씬 더 심각하게 받아들인 듯 보였다. 나는 벤의 마음을 진정시키려고 애썼다. 그런 다음 벤과 함께 과제물 백업 파일을 만드는 몇 가지 방법을 진지하게 논의했다. 다행스럽게도 벤과 나는 평소 신뢰를 바탕으로 한 관계를 유지해왔다. 덕분에 자칫 벤의 부모님과 교장실에서 면담해야 할지도 모를 어색한 상황을 피할 수 있었다.

나는 에이프릴과 따로 대화할 기회를 엿보았다. 그리고 벤에게 해주었던 말을 에이프릴에게도 그대로 전해주었다. 또 우리가 나눈 대화의 내용이 벤에게 전화를 걸어 알려줘야 할 만큼 중요한 이야기인지 몰랐으며, 그래서 많이 놀랐다고 말해주었다.

나는 이런 일로 에이프릴을 멀리해야겠다는 생각은 조금도 하지 않았다. 오히려 이 일을 계기로 교사로서 학생들과 대화할 때 전문가답게 행동해야겠다고 반성했다. 모든 교사들은 학생들과 사이좋게 지내는 것과 전문가로서 거리를 유지하는 것 사이에 경계를 긋고 그것을 늘 염두에 두어야 한다.

지난 28년 동안 나는 문제를 일으키는 학생들을 수없이 만나왔다. 그 학생들은 너무 미숙해서 자신이 한 행동에 어떤 결과가 따르는지 잘 몰랐다. 현실과 상상의 차이를 구분하지 못해 거짓말을 병적으로 하는 학생을 가르친 적도 있었다. 이 학생들이 하는 행동은 교사를 심리적으로 무척 힘들게 한다. 하지만 나는 그중 단 한 명도 '나쁘다'고 생각한 적은 없다. 모두 질풍노도와 같은 사춘기를 겪으면서 각자의 방식으로 살아남으려고 몸부림치고 있을 뿐이다.

사실 깊이 생각해보면, 정도의 차이는 있지만, 우리 모두가 '조종자'라고 할 수 있다. 교실에서 학생들을 가르치는 나는 친절한 조종자이다. 여러 가지 기술을 활용하여 학생들에게 동기를 부여하고 행동을 변화시키기 때문이다. 교사는 수업을 방해하는 심술궂은 조종자들이 그 엄청난 힘을 좋은 일에 쓰도록 도와야 한다. 늘 그렇듯 이 모든 것은 교사가 학생 한 명 한 명을 잘 알아야 가능한 일이다. 그래야 교사는 학생들에게 진정한 힘이 학생들이 휘두르는 거짓된 힘보다 더 만족스럽고 결국 오래간다는 걸 가르칠 수 있다.

✱ 교실에서 문제를 해결할 때 학생들에게 거짓된 힘을 휘두르지 마세요.

✱ 학생과 충돌하면 그 내용을 문서화하세요. 학생의 부정적인 행동 양식을 기록하고 해결책을 마련하세요. 기록할 때는 교사의 의견이 일방적으로 반영되지 않도록 조심하세요.

✱ 학생을 비난하지 마세요. 아무리 교사의 의견이 옳아도 학생에게 "네, 선생님 말씀이 옳아요"라고 대답하도록 강요하지 마세요. 문제를 해결하는 데 초점을 맞추세요.

✱ 학생들이 배우고 싶어 할 만큼 여러분이 담당한 교과목에 시간을 투자하세요. 여러분이 가르치는 교과목이 학생들에게 유용하다는 점을 증명하세요.

✱ 교실운영을 교사 통제에서 학생 통제로 즉시 바꾸세요. 수업을 성공적으로 진행한 날은 반 전체를 칭찬하세요. 학생들의 협조에 고마움을 표시하세요.

✱ 가장 대하기 힘든 학생일지라도 우선 장점을 찾아 인정해주세요. 학생의 긍정적인 면을 충분히 알려고 노력해야 그 학생에 대해 잘 알 수 있어요. 학생의 장점이 뭔지 모르겠다면 다른 교사들이나 학교 관리자들에게 물어보세요.

✱ 학생들의 실력이 향상될 때마다 혹은 그렇지 못하더라도 학부모에게 바로 알리세요. 학부모님의 연락처를 문서화하세요.(부록 206페이지 참조).

6장

괴롭힘에 시달리는 아이들

이 아이들은 자신보다 힘이 센 아이들의 먹잇감과 같다. 몸집이나 나이 때문에 자신을 지키기 힘든 아이들도 있다. 가족에게 닥친 불화로 자기 자신을 괴롭히는 아이들도 있다. 이 아이들은 동정심이 많은 교사에게 집착한다. 이때 교사가 아이에게 도움을 주려다가는 자칫 학생을 잘못된 길로 인도할 가능성이 훨씬 더 크다.

"우리 모두 마음이 허기지다"

브루스 스프링스틴(미국 작곡가 겸 가수)
'Hungry Heart' 가사 중에서

고등학교가 배경인 드라마에 빠지지 않고 등장하는 중요한 배역이 있다. 바로 괴롭힘에 시달리는 아이들이다. 이 학생들은 자신의 힘을 과시하고 싶어 하는 공격적인 성향의 학생들에게 괴롭힘을 당한다. 아무리 그 상황을 피하려고 해도 소용이 없다. 가령 중학교 3학년 학생들 중에 가장 몸집이 작은 학생이 있을 것이다. 이 학생은 자신의 타고난 신체적 단점 때문에 늘 고군분투해야 한다. 이와 반대로, 스스로 괴롭힘 당하기를 자초하는 학생들도 있다. 타인의 무관심 속에 지내느니 차라리 부정적인 관심이라도 받는 게 낫다고 생각하는 것이다.

일반적으로는 힘이 센 학생한테 신체적으로 공격당하는 학생을 약자라고 여긴다. 하지만 교사들은 그런 방식으로 생각하지 않는다. 이 상황에서는 공격당한 학생도, 공격한 학생도 둘 다 희생자라고 볼 수 있다. 물론 약자를 괴롭히는 학생이 어떻게 희생자일 수 있는지 의아할 것이다. 하지만 그 학생들이 드러내는 공격성은 학습된 행동일 가능성이 크다. 어쩌면 절망적인 환경과 자신의 낮은 자존감을 감추려는 나름의 전략일 수도 있다. 나는 종종 만화에서 본 슬픈 장면을 떠올린다. 직장에서 시달린 아버지가 집에 돌아와 큰아들을 때린다. 그러면 큰아들은 남동생을, 남동생은 강아지를, 강아지는 고양이를 괴롭힌다. 이들 모두 폭력의 희생자이다.

노련한 경력교사든 대학을 갓 졸업한 신입교사든 한 학생이 다른 학생에게 신체적으로 괴롭힘 당하는 걸 가만히 보고만 있지는 않는다. 그 즉시 단호하게 개입해서 학생을 보호하려고 한다. 하지만 어떤 경우는 희생자가 그 이상의 괴롭힘을 폭로하지 않으면 괴롭힘의 유형이 너무 애매해 도움을 주기 어렵기도 하다.

거짓된 힘과 진정한 힘의 차이를 가르쳐라

살다 보면 때로는 내가 누군가로부터 괴롭힘을 당하기도 하지만, 반대로 내가 누군가를 괴롭히기도 한다. 걸음마나 자전거를 처음 배울 때와 마찬가지로 누구나 균형을 잡기까지는 몇 번이고 발을 헛디디기 마련이다. 어린아이들은 자기가 쓰려고 한 크레용을 다른 또래 아이가 아무 생각 없이 가져가면 머리를 때릴 가능성이 많다. 이제 두 아이들은 번갈아가며 서로의 머리를 때릴 것이다. 그러면 부모나 보호자는 아이들에게 원하는 것을 얻으려면 싸우지 말고 평화롭게 사회에서 허용하는 방식으로 행동해야 한다고 가르친다. 하지만 어떤 아이들은 어린이집에서 스스로 터득한 방법으로 힘을 쓰면서 어른이 된다. 나는 그 흔적을 교실에서 발견하곤 한다.

해마다 내가 학생들에게 가르치는 첫 교훈 중 하나는 거짓된 힘과 진정한 힘의 차이를 구분하라는 것이다. 국어 수업에서는 이런 주제를 쉽게 끄집어낼 수 있다. 대부분의 소설 작품에는 어떤 것을 간절히 원하는 사람과 그것을 빼앗기지 않으려는 사람이 등장하고, 힘과 견제에 관한 줄거리가 나오기 때문이다. 내가 근무한 학교 중에는 상급생들이 신입생을 길들인답시고 가혹행위를 해서 전문가를 초빙할 정도로 심각한 문제가 되었던 곳도 있었다. 이렇듯 교사가 보지 않는 상황에서 벌어진 문제는 해결하기가 아주 어렵다.

나는 몇 년 전 나이 어린 하급생을 괴롭혀서 순식간에 악명을 떨친 어떤 학생을 가르친 적이 있다. 그 학생의 이름은 자크였는데, 부적절한 행동으로 이미 여러 차례 교장실로 불려간 적이 있었다. 자크는 학생들과 교사들 사이에서 공포의 대상이었다. 하지만 정작 본인은 학교에서 만들어진 자신의 이미지를 즐기는 것 같았다. 학년 초 몇 주 동안, 나는 자크와 좋은 관계를 맺으려고 많은 노력을 기울였다. 그러지 않으면 자크가 마음의 문을 열고 내게서 뭔가 배우려 들지 않을 것이기 때문이다.

자크가 다른 학생들을 괴롭힌다는 이야기가 몇 차례 내 귀에 들어온 뒤, 나는 교실 칠판에 거짓된 힘과 진정한 힘이라는 문구를 크게 썼다. 그런 다음 학생들에게 둘의 차이점이 뭔지 각자 작문노트에 적어보라고 했다. 학생 몇 명은 친구들 앞에서 자신의 생각을 자유롭게 말했다. 그러자 자크도 나섰다. "내가 원하는 대로 다른 사람을 움직일 수 없다면 그건 거짓된 힘이에요. 진정한 힘은, 바로 여기에서 나오죠." 자크는 주먹을 불끈 쥔 채 들어올렸다. 자크는 권위자들처럼 내가 격분할 거라고 예상했을 것이다. 하지만 나는 그러지 않았다. 침착하게 고개를 가로저으며 아주 측은하다는 표정으로 자크에게 말했다. "설마 그게 진실이라고 믿는 거니? 정말 슬프구나." 자크는 깜짝 놀란 듯했다. 이건 과장이 아니다. 나는 자크에게 힘의 정의를 잘못 이해한 것 같다고 운을 뗐다. 그리고 자크가 자신의 진정한 힘을 찾을 수만 있다면 내 모든 힘을 다해서 돕겠다고 말했다.

처음에 자크는 나를 괴짜 교사라고 여기는 것 같았다. 하지만 나는 포기하지 않았고 결국 한 학기 동안 나는 자크에게 두 가지 개념을 이해시키는 데 성공했다. 첫째, 물리적인 강요는 단지 괴롭히는 자가 존재하는 동안만 지속되지만, 상대의 마음을 변화시킨다면 그 힘은 영원히 지속될 수 있다. 둘째, 자크 자신도 괴롭힘의 희생자라는 사실이다. 강요하지 않으면 아무도 자신의 말을 듣지 않는다는 사실을 자크도 지금까지 살아오면서 어디에선가 누군가에 의해 확인한 날이 있었을 것이다. 이 얼마나 슬픈 일인가?

괴롭힘 당하는 원인을 깨닫게 하라

교사들은 자크와 같은 학생들이 다른 학생들을 괴롭히지 못하도록 보호해야 할 책임이 있다. 하지만 때로는 괴롭힘에 시달리는 아이들 스스로가 괴롭힘 당할 상황을 만들기도 한다.

고등학교 2학년인 수잔은 '눈치'가 너무 없어서 친구가 몇 명 안 된다. 어느 날 오후 나는 동료교사 한 명, 그리고 수잔을 포함해 일곱 명의 학생들과 함께 승합차에 올랐다. 지역사회봉사 프로젝트에 참여하러 가는 길이었다. 차에 탄 학생들은 미식축구 주장인 에릭과 그의 친구 두 명 그리고 저학년 학생 몇 명이었다. 목적지에 도착하려면 30분 정도 가야 해서 나는 학생들과 즐겁게 대화를 나누려고 했다.

"방학에 뭐 할 계획이니?", "국어시간에 무슨 책을 읽고 있니?" 나는 모든 학생들이 대화에 참여할 수 있도록 이런저런 질문을 던졌다. 그런데 질문이 끝나기가 무섭게 수잔이 불쑥 끼어들어 대답을 하더니 그때부터 숨도 고르지 않고 온갖 이야기들을 쏟아내기 시작했다. 누가 무슨 말을 하려고 하면 무례하게 잘라버렸다. 처음 한동안 다른 학생들이 자신의 이야기를 참을성 있게 들어준 건 안중에도 없었다. 수잔은 계속 자신이 하고 싶은 말만 늘어놓으며 대화를 독차지했다. 내가 다른 학생들에게 말할 기회를 주려고 애써 봐도 소용이 없었다. 다른 학생들은 수잔의 가시 돋친 표현을 처음에는 대수롭지 않게 웃어넘겼지만 점차 분위기가 험악해졌다. 나와 동료교사는 안절부절못하며 앉은 자리에서 몸을 뒤척였다.

잠시 뒤, 수잔이 또 다른 이야기를 시작했다. 이번에는 어릴 적 자신과 동생이 함께했던 놀이에 대한 이야기들을 쏟아냈다. 그러자 에릭이 짐짓 흥미로운 척하며 수잔을 부추겼다. "그래서? 네가 해적이었어? 그렇구나, 음… 그때 네가 입었던 해적 의상은 어떤 거였어? 칼도 끈으로 묶었니? 다리에? 정말 네가 좋아할만해, 인정할게!" 다른 학생들은 에릭이 수잔을 비아냥거리는 걸 보면서 숨죽여 킬킬거리거나 노골적으로 웃어댔다.

나는 에릭을 노려보며 그만하라는 신호를 보냈다. 얼굴 표정으로 보나, 목소리 톤으로 보나 에릭은 수잔의 어린 시절 이야기 따위에 조금도 흥미가 없는 게 분명했다. 그렇다고 에릭이 수잔에게 대놓고 무례한 말을 한 건 아니었다. 하지만 차 안에 있던 학생들은 그 말 한마디 한마디가 모두 빈정거림이라는 것을 알고 있었다. 수잔도 표정이 싸늘하게 바뀐 걸 보니 에릭이 자신을 조롱한 걸 알아차린 게 분명했다. 나는 수잔을 대화의 늪에서 빼내려고 여러 차례 노력했지만 헛수고였다. 말하기를 멈추지 않는 수잔을 지켜보기가 괴로울 정도였다. 물론 그 자리에서 에릭에게 그만하라고 꾸짖을 수도 있었다. 하지만 그런다고 해서 이미 나빠진 분위기가 바뀌지는 않았을 것이다. 또 나중에 수잔이 괴롭힘의 표적이 될 수 있는 위험도 있었다.

결국 일이 더 커지기 전에 나는 지난 주말에 내가 키우는 고양이에게 재미난 일이 있었다는 이야기를 불쑥 꺼냈다. 그 자리에 있던 누구라도 내가 즉석에서 지어낸 이야기라는 걸 알아차렸을 것이다. 하지만 이번에도 수잔은 내 말을 가로막고 자기 집에서 기르는 고양이에 관해 떠들어댔다. 나와 동료교사는 일이 감당할 수 없는 지경에 이르지 않도록 애를 썼다. 빨리 차에서 벗어나고 싶었다.

만약 이런 일이 수업시간에 발생했다면 나는 문제가 눈덩이처럼 커질 때까지 가만히 보고만 있지 않았을 것이다. 수업을 진행하고 학생들을 집중시킬 책임이 나에게 있기 때문에 수잔을 보호할 수 있다. 또 토론 수업에서는 대화가 특정 주제 없이 옆길로 새는 일이 거의 없다. 그래서 수잔에게 발언권을 주더라도 승합차 안에서와 같은 일은 일어나지 않게 할 수 있다.

어쨌거나 나는 학생들이 그날 오후에 일어난 사건을 얼마든지 일어날 수 있는 일쯤으로 여기도록 내버려둘 수 없었다. 다음 날 나는 에릭을 교실로 불렀다. 그리고 승합차 안에서 에릭이 했던 부적절한 행동에 관해 이야기를 나누었다. 에릭은 수잔이 아무에게도 말할 기회를 주지 않기에 그저 중단시키려고 한 것뿐이라며 항변했다. 나는 충분히 이해한다고 대답했다. 하지만 에릭은 학교의 여러 리더 중에 한 명이므로 그런 행위는 부적절하며 힘의 남용이라고 충고해주었다. 또 누군가가 수잔을 만만하게 보고 괴롭히지 않는지 살펴봐달라고 도움을 요청했다.

다행히 나와 에릭은 신뢰관계를 깨트리지 않고 이야기를 무사히 마칠 수 있었다.

이제는 어떻게든 수잔과 대화를 해야 했다. 다행히 우리 둘만 남은 때가 왔고, 둘 다 시간이 좀 있었다. 나는 승합차 안에서 수잔이 대화한 방식이 몹시 불편했다고 솔직하게 털어놓았다. 그리고 수잔 자신은 그 상황을 어떻게 받아들이고 있는지 의견을 듣고 싶다고 말했다. 처음에 수잔은 주변의 십대들도 다들 그렇게 한다면서 에릭이 한 무례한 행동을 애써 무시하려고 했다. 하지만 조금 지나자 승합차 안에 있던 학생들이 자신을 비웃는 게 몹시 싫었다고 털어놓았다. 나는 조심스럽게 그날의 대화가 조롱하는 분위기로 흘러가게 만든 건 수잔 자신이라는 점을 깨닫게 해주었다. 대부분의 사람들은 다른 사람과의 관계에서 상대의 기분이나 상태가 어떤지 살필 줄 아는데, 수잔은 그렇지 못했다고 말해주었다.

우리는 의논 끝에 신호를 만들었다. 수잔이 대화를 독차지할 때마다 내가 수잔의 팔을 건드리기로 한 것이다. 몇몇 교사들도 수잔을 돕겠다고 나섰다. 수업시간이나 사회적 상황이냐에 따라 수잔이 대화에서 반드시 지켜야 하는 예절을 익히고 따르도록 도와주었다. 남은 학기 동안 나는 종종 수잔을 따로 만났다. 정신과 의사 에릭 번(Eric Berne)이 창안한 교류분석 이론(개인의 특성이나 인간관계의 유형을 다양하게 분석하여 자기 이해와 성찰, 대인관계 능력 향상 등을 돕는 심리요법)에 관해 설명해주었고, 수잔이 관계 맺기에 서툰 자신을 논리적으로 이해할 수 있게 도와주었다. 또 수잔에게 자신의 이야기를 글로 쓴 다음 그 중 몇 개를 읽어보라는 제안도 했다. 나는 수잔과의 관계에서 선을 지키려고 애썼다. 나는 수잔의 구세주가 아니라 교사이기 때문이다.

도와주되 대신 답을 찾아주지는 마라

교사는 학생들을 도와주고 싶어 한다. 실제로도 그런 일을 아주 잘 해낸다. 게다가 학생들에게 "선생님 덕분에 제 인생이 달라졌어요!"라는 말을 들으면 마음이 뿌듯해지면서 기분까지 좋아진다. 물론 경력이 짧아 아직 그런 경험이 없는 교사도 있겠지만, 언젠가는 그런 날이 올 것이다. 그런데 나는 묘하게도 이런 말을 들으면 명예롭기도 하지만 두렵기도 하다.

교사들은 또래 학생들과 건강하고 친밀하게 관계를 맺지 못하고 방황하는 학생들을 보면 마음이 쓰인다. 특히 괴롭힘에 시달리는 아이들은 따돌림을 당하는 데다 외로움을 달래줄 친구마저 없는 경우가 많다. 그래서 정이 많고 공감능력이 뛰어난 교사는 이런 아이들을 보면 그 빈자리를 채워주고 싶어 한다. 하지만 현실에서는 교사가 이런 아이들에게 친구가 되어주기는커녕 잘못된 길로 인도할 가능성이 훨씬 더 크다.

나의 동료교사인 페리 선생님도 이런 일을 겪은 적이 있다. 페리 선생님이 교사생활을 한 지 3년 무렵, 메리라는 학생이 선생님의 수업을 들었다. 메리는 수줍음이 많은 열다섯 살 여학생으로, 전학을 온 지 얼마 되지 않아 학교에 아는 친구가 없었다. 페리 선생님은 메리가 새로운 환경에 적응하려고 노력하는 것을 기특해하며 격려를 아끼지 않았다.

이삼 주 뒤, 학교에서 인기 있는 여학생 집단이 메리에게 점심을 같이 먹자고 제안했다. 하지만 얼마 지나지 않아 메리는 집단의 리더인 대니와 제시가 주도권 다툼을 벌이고 있으며, 자신이 둘 사이에 애매하게 끼게 되었다는 사실을 감지했다. 당시 대니와 제시는 같은 남학생을 좋아하게 되어 서로 말도 안 하고 지내는 상황이었다. 메리에게 먼저 다가온 것은 대니였다. 대니와 가까이 지내던 메리는 제시가 자신과 대니에 대해 나쁜 말을 퍼트리고 다닌다는 얘기를 듣게 되었다. 메리는 자신이 대니 편에 섰다는 사실만으로 온갖 소문과 모욕의 희생양이 되었다는 걸 깨달았다.

메리는 페리 선생님에게 그동안의 일을 모두 털어놨다. 페리 선생님은 메리에게 당분간 대니와 제시 무리와는 떨어져 지내는 게 좋겠다고 조언해주었다. 그런데 한 달이 채 지나지 않아 대니와 제시는 언제 그랬느냐는 듯 친한 친구 사이로 돌아갔고, 둘 사이에 오해가 생긴 건 모두 메리 때문이라며 비난하고 다녔다. 이 일로 메리는 학교 식당에서 모든 학생들의 따가운 눈총을 받는 신세가 되었다.

페리 선생님은 메리가 새로운 학교로 전학 와 어긋난 친구관계로 상처받고 소외감을 느낄까 봐 걱정했다. 그래서 자신의 교실에서 메리가 점심을 먹을 수 있도록 배려해주었을 뿐 아니라 같이 점심을 먹었다. 메리는 선생님에게 새 학교에 잘 적응하지 못한 자신에 대해 자책하는 얘기를 하곤 했다. 그러다가 점차 가족문제와 어린 시절에 입은 마음의 상처까지 털어놓게 되었다. 다른 사람의 말을 경청할 줄 아는 페리 선생님은 메리가 털어놓는 마음속 고민들을 다 들어주었다. 메리가 주말 동안 혼자 지내고, 책 읽는 것 말고는 딱히 할 일이 없다는 것을 알고 토요일에 쇼핑도 함께했다. 짧은 시간이나마 힘들어하는 메리를 위로할 수 있어서 페리 선생님은 무척 기뻤다.

　　몇 달의 시간이 흐르면서 메리는 점점 더 페리 선생님에게 의존했다. 언제부터인가는 저녁마다 페리 선생님에게 전화를 걸기 시작했다. 처음에 페리 선생님은 그리 대수롭지 않게 여겼다. 자신도 학창시절에 외로웠던 적이 있고, 메리에게 도움이 된다면 별 문제 되지 않는다고 생각했기 때문이다. 하지만 어느 순간 관심을 가져달라는 메리의 요구가 걷잡을 수 없을 정도로 커졌고, 페리 선생님은 메리와 거리를 둘 필요가 있다고 생각했다. 선생님의 변화한 태도에 상처를 입은 메리는 선생님과 예전처럼 친밀한 관계로 돌아가려고 점점 더 예민하게 굴었다. 외톨이가 된 학생을 도와주려고 했던 선생님의 행동이 공교롭게도 선생님에게 학생이 의존하도록 부추긴 결과가 된 것이다. 이제 두 사람은 서로 만족할만한 관계를 맺어가기 어려웠다.

가깝게 지내는 친구 중에 나보다 경력이 15년이나 적은 후배교사가 있다. 나이 차이가 꽤 있지만 세월이 갈수록 우리 관계에서 그 차이는 점점 무의미해졌다. 하지만 초등학교나 중·고등학교에 다니는 학생과 교사의 관계는 그렇지 않다. 물론 교사도 학생들과 좋은 친구가 될수는 있다. 하지만 학생들은 또래들과 건강하게 유대관계를 맺을 수 있는 기회를 가져야만 한다. 또한 또래들과의 관계를 교사가 대신할 수도 없다. 따라서 교사가 아무리 좋은 의도였다 하더라도 학생이 또래들과의 유대관계는 배제한 채 교사와의 관계에만 집중한다면 학생에게 해를 끼치는 일이 될 수 있다. 페리 선생님과 메리의 사례처럼 말이다.

결국 페리 선생님은 메리가 자신의 사생활을 어느 선 이상 침범하지 못하도록 해야만 했다. 교사로서 불가피한 선택이었지만 메리는 깊은 배신감을 느꼈고 씻을 수 없는 상처를 입었다. 메리의 상처는 또래친구들에게서 받은 것보다 몇 배나 더 깊을 수밖에 없었다. 페리 선생님의 개입은 오히려 메리가 또래 친구들과 사귀는 법을 배울 기회조차 놓치게 만드는 결과를 낳았다. 이제 메리는 또래 친구뿐 아니라 어른까지 두려워하고 피하게 되었다.

나에게 가르치는 일은 무척 가슴 뛰는 일이다. 그러나 한편으로는 교사가 학생들의 삶을 변화시킬 수 있는 영향력을 가지고 있는 만큼 책임감도 막중할 수밖에 없다. 그래서 교사는 학생들을 대할 때 늘 신중해야 한다. 특히 가족이나 사회적 상황으로 상처 입은 학생들을 대할 때는 더욱 유의해야 한다. 학생들이 교사와 함께 있고 싶어 한다면 그 이유는 교사가 자신들이 잘되기를 진심으로 바란다는 걸 알기 때문이다. 그렇다고 교사가 학생들을 대신해 정답을 찾아줘서는 안 된다. 페리 선생님처럼 교사 자신이 문제의 정답 역할을 해서도 안 된다. 이는 최악의 상황이라고 할 수 있다. 교사는 학생들이 스스로 문제를 해결해나갈 수 있도록 도와주는 조력자라는 사실을 잊지 말아야 한다.

* 여러분의 학교에 신입교사 멘토링 프로그램이 없다면 자신을 정기적으로 도와줄 교사를 찾아보세요. 멘토 교사는 여러분과 학생이 의존관계가 될 위험이 있는지 여부를 판단해줄 거예요.

* 수업 외 시간에 학생들이 대화를 요청한다면 전화번호 대신 이메일 주소를 알려주는 편이 더 현명할 수 있어요. 여러분이 어떻게 반응해야 할지 생각할 시간을 벌게 해주니까요. 또한 교사와 학생 간의 선을 넘지 않고 그 관계를 유지하도록 도와줘요.

* 괴롭힘에 시달리는 학생에게 신체적 보복이 따르지 않는다고 판단된다면 가해학생과 함께 보복을 방지할 방법을 논의해보세요. 또 피해학생이 자존심을 상하지 않고 보호받을 수 있는 방법을 같이 찾아보세요.

* 가해학생과 피해학생이 위험한 상황에 놓이면 가능한 한 빨리 학교 관리자에게 알리세요.

* 만약 괴롭힘이 학교에서 심각한 문제라고 판단된다면 수업시간에 힘의 본질에 대해 토론해보세요. 학생들에게 자신의 의견을 자유롭게 표현할 기회를 주세요. 의무교육 과정의 일부를 토론에 할애하는 문제는 교사 개인의 판단에 달렸어요. 하지만 책임감 있는 교사라면, 또 학생의 안전을 걱정하는 교사라면 어렵지 않게 설득할 수 있는 부분이에요.

✻ 나는 수업시간에 글쓰기를 통해 학생들이 하고 싶은 일을 찾을 수 있도록 해줘요. 자신이 뭘 하고 싶은지 막연해하거나 전혀 모르는 아이들이 많기 때문이에요. 대표적인 예가 <직업 세계에서의 글쓰기> 과제예요(부록 208페이지 참고). 이런 활동을 하면 특히 괴롭힘에 시달리는 학생들에게 학교라는 좁은 시야를 탈피해 훨씬 큰 '현실 세계'를 그려보게 해줄 수 있어요.

7장

남다른
아이들

이 아이들은 심각한 학습장애가 있거나 천재여서 또래 아이들과 어울리지 못한다. 어떤 아이들은 살면서 특별한 일들을 겪기도 한다. 이 아이들의 특징은 다름에 있다. 이 아이들이 마음먹기에 따라 교사에게 활기를 불어넣기도 하고, 반대로 교사가 지쳐 의욕마저 사라지게 한다. 그럼에도 이 아이들의 대다수는 자신의 옹호자가 되어줄 교사가 필요하다.

나는 최대한 가장자리 가까이에 머물고 싶다.
가장자리로 나오면 중심에서 볼 수 없었던
온갖 종류의 것들이 보인다.

———————

커트 보네거트(미국 작가)

학교는 '정규' 학생들을 교육하고, 특수한 상황에 놓인 학생들을 돌보기 위해 세워졌다. 물론 나는 내 학생들 한 명 한 명이 다 특별하다고 생각한다. 하지만 지능이 남다르거나 다른 사람들이 상상하기 힘든 일을 겪은 학생들에 비하면 대다수 학생들은 평범하다고 할 수 있다. 따라서 교실운영에 각별히 신경을 써야 한다.

우선 교사는 교실규칙과 이를 어길 경우에 실행할 후속조치를 되도록 단순하고 논리적으로 만들어야 한다. 또 교사가 학생들을 편애한다거나 기분과 감정에 따라 대한다는 인상을 주지 않도록 이러한 규칙을 공정하게 실행해야 한다. 그렇다면 교사가 하는 수업과 컴퓨터나 DVD 강의 시리즈물로 진행하는 수업이 뭐가 다르냐는 의문이 들 수 있다. 이유는 단 한 가지다. 아주 예외적인 상황에서 발휘되는 교사의 판단력 때문이다.

교사는 누구나 자신이 가르치는 교과목의 개념과 기능을 학생들이 익히고 사용할 수 있도록 최선을 다한다. 하지만 만나는 학생들은 모두 똑같은 방식이 아닌 자기만의 방식으로 반응하고 행동하는 '인간'이다. 그래서 교사에게 가르친다는 건 여전히 모험이고 도전이다. 교사는 해마다 새로운 얼굴과 새로운 재능과 새로운 욕구와 새로운 난관을 만난다. 어떤 학교에서는 시간마다 부딪히기도 한다. 그렇기 때문에 학생들을 가르치는 일은 지루하거나 판에 박힌 일이 될 수가 없다.

학생의 장점을 신속하게 파악하라

테네시 공립학교에서 학생들을 가르칠 때였다. 나는 중퇴 위기에 처한 상급생들을 대상으로 하는 직업 국어 수업을 개설했다. 수업에 들어오는 학생들 대부분은 정규수업에서 심하게 말썽을 일으킨 아이들이었다. 그래서 이 아이들이 얌전히 학교에 다니기만 한다면 교과과정은 얼마든지 내 방식대로 계획할 수 있었다(당시 재정난에 처한 자치주는 학생 수가 줄면 지원금이 줄기 때문에 걱정이 많았다).

몇 년 뒤, 나는 교육위원회를 설득하여 교실에 설치할 새 컴퓨터 열 대를 구입했다. 교실은 예전에 미용 수업을 하던 곳이라 공간도 넓고 컴퓨터 플러그를 꽂을 콘센트도 충분히 갖춰져 있었다. 교사생활 27년 동안 이곳만큼 마음에 쏙 드는 교실은 없었다. 나는 당시 대다수의 초등학교가 도입하고 있는 수업방식에서 영감을 얻어 서른 명의 학생들을 각각 열 명씩 세 모둠으로 나누었다. 한 모둠은 컴퓨터로 어휘, 맞춤법, 문법, 글쓰기 기술을 연습하게 했다. 또 한 모둠은 자기 자리에서 자습을 하게 했으며, 나머지 모둠은 나와 함께 모둠활동을 했다. 교사는 자신이 수업할 교실을 선택할 수 있는 권한이 거의 없다. 대신 교실에 가구를 잘 배치해서 학생들과 교사가 이동할 수 있는 공간을 조금이라도 더 확보하려고 노력한다. 그 공간이 있느냐 없느냐는 아주 중요한 문제다. 교사가 학생을 일대일로 개인지도 할 수 있는지의 여부를 판가름하기 때문이다.

나는 학생들과 긍정적인 관계를 맺는 것이 수업의 중요한 목표 중 하나라고 여긴다. 수업을 듣는 학생 모두와 막연히 좋은 관계를 유지하는 정도로는 이 목표를 이룰 수 없다. 교사가 학생 한 명 한 명을 개인적으로 잘 알고 있다는 느낌을 주어야 한다. 그것만큼 교사와 학생의 관계를 긍정적으로 변화시키는 것은 없다. 이런 믿음으로 나는 새 학년 초마다 학생 한 명 한 명의 읽기와 쓰기 능력을 파악하는 데 시간을 많이 투자한다. 그래야 개별 학생에게 적합한 최상의 수업계획을 짤 수 있기 때문이다. 나아가 학생들을 수업에 집중할 수 없게 만드는 특별한 상황도 파악할 수 있다.

제레미는 학점이 바닥인 상태로 내 수업에 들어왔다. 이번에도 낙제점수를 받으면 중퇴당할 처지였다. 제레미는 선생님들에게 대놓고 문제를 일으키지는 않았다. 다만 자리에 꼼짝도 하지 않고 앉아 어떤 활동에도 참여하지 않으려고 했다. 게다가 굉장히 수동적이고 말이 없어서 학교생활을 하는 데 어려움을 겪고 있었다. 하지만 본인은 별로 신경 쓰지 않는 듯했다. 치료를 받은 적도 있다. 하지만 조금도 나아지지 않았고, 약을 처방받았지만 그마저도 복용을 중단한 상태였다. 상담교사는 제레미가 하루의 반나절만 수업을 받도록 특별히 일정을 조정해주었다. 그래서 제레미는 내 수업과 직업수업 두 과목만 들었다.

예전에 제레미는 수학시간에 쫓겨난 적이 있다. 선생님이 "태도 좀 바꿀 수 없겠니?"라고 하면서 수업에 적극적으로 참여하라고 호통을 치자 제레미가 교실 밖으로 유유히 걸어나갔던 것이다. 이런 일화를 알고 있는 다른 학생들은 제레미를 슬슬 피해 다녔다. 제레미도 친구를 사귀고 싶은 마음이 없어 보였다.

제레미는 첫 2주 동안 수업에 들어오지 않았다. 그래서 처음 수업에 들어온 날, 나는 제레미만 따로 사전평가를 받게 했다. 제레미를 도와줄 방법을 찾기 위한 평가였다. 제레미는 시무룩한 표정으로 무관심한 태도를 보였다. 하지만 나는 가만히 있었다. 오랜 경험을 통해 학생의 마음을 확실하게 읽어줘야 할 때가 언제이고, 입을 다물고 있어야 할 때가 언제인지를 잘 알고 있었기 때문이다. 또 주목할 것과 무시할 것을 직감적으로 파악하는 힘을 키우는 것도 중요한 수업기술이라고 생각한다.

그날 나는 제레미가 무엇 때문에 화가 났는지는 알 수 없었다. 하지만 제래미가 뭘 할 수 있는지는 확실하게 알 수 있었다. 사전평가 결과는 마치 내가 제레미에게 아무것도 가르칠 게 없다는 사실을 증명해주는 것 같았다. 어휘 평가 결과는 대단히 우수했다. 쓰기 평가에서는 글을 무려 두 페이지나 썼다. 나는 제레미에게 학생들의 글쓰기 능력을 알아보려고 만든 제시 문장 하나를 출제했었다. "10년 후에 우리가 길에서 우연히 마주쳤다고 상상해보세요. 그때 당신은 어떤 곳에 있고 싶나요? 그리고 무엇을 이루기를 바라나요?" 제레미의 미래 목표는 오직 하나였다. 아버지처럼 죽는 것이었다. 믿기지 않을 정도로 대단한 작가적 재능이 엿보이는 글솜씨였다.

　　내 수업은 점심시간 바로 앞이었다. 그래서 제래미가 수업에 들어온 둘째 날 나는 잠시 교실에 남아서 이야기를 나누자고 했다. 솔직히 제래미에게 잠시만 남아달라고 했기 때문에 내 쪽의 일방적인 대화가 될 거라고 생각했다. 또 이렇게라도 대화를 시도할 수 있는 기회가 한 번뿐이라는 것도 알았다. 나는 대다수의 학생들을 위해 내가 계획하고 있는 교육과정을 설명하는 것으로 말문을 열었다. 주로 어휘력과 독해력 향상 그리고 글쓰기 기술 익히기에 관한 것이었다. 제레미는 교실 바닥을 응시하고 있었다.

　　나는 제레미에게 채점을 마친 어휘력 시험지를 아무렇지도 않게 내밀면서 말했다. "하나도 틀린 게 없네, 어휘 부분은 내가 가르칠 게 없구나." 그러고 나서 글쓰기 시험지를 집어 들면서 말했다. "이 글에서 내가 추론한 결론은 딱 한 가지야." 제레미가 고개를 들었다. 내가 놀라워하는 건지, 아니면 진저리를 치는 건지, 그도 아니면 동정하는 건지 살피는 것 같았다. 나는 의자에 몸을 기댄 다음 미소 지으며 말했다. "너 마음이 굉장히 산란하구나." 제레미가 처음으로 나를 똑바로 바라보았다. 나는 계속 말했다. "교사는 보통 수업시간에 학생들의 실력을 빨리 끌어올리려고 재촉을 하지. 그런데 제레미한테는 그보다 한두 단계 아래로 고삐를 좀 늦춰야 할 것 같아. 어때, 괜찮아?" 제레미는 아무 대답이 없었다. 하지만 분명 내 말을 듣고 있었다.

나는 본론으로 들어갔다. "내 생각엔 네가 마음을 좀 가라앉히려고 마약을 하는 것 같은데? 아니면 술을 마시거나?" 제래미는 아주 살짝 고개를 끄덕였다. 나는 그걸 놓치지 않았다. "그리고 평소에 콧노래를 자주 흥얼거리던데, 무슨 음악을 좋아하니?" 제레미는 내 질문에 좀 놀란 듯했다. 하지만 곧 내가 한 번도 들어보지 못한 몇몇 밴드의 이름을 말했다. 제레미가 드디어 입을 열고 말을 한 것이다!

나는 제레미에게 내가 하는 작문 수업에 대해 알려주고 그 수업을 듣는 학생들이 격주로 신문을 발행한다고 말해주었다. 마침 음악 리뷰 란과 오피니언 란에 글을 기고할 역량 있는 작가가 필요한데, 함께 해볼 의향이 있냐고 물어보았다. 제레미는 아무 반응이 없었다. 나는 제레미에게 충분히 생각해본 다음 나에게 알려달라고 말했다. 이야기가 끝나자마자 나는 교장실로 부리나케 달려갔다. 그리고 제레미가 내 작문 수업에 참여해서 하는 활동을 학점으로 인정해달라고 교장선생님을 설득했다. 교장선생님은 마지못해 허락했다. 그런 노력으로 달라질 만큼 제레미가 학교에 오래 남아있을지 확신이 서지 않는 것 같았다.

제레미는 졸업할 때까지 하루도 빠지지 않고 학교에 나왔다. 여전히 수업시간에 말은 없었지만 말이다. 게다가 남다른 글재주와 세계를 바라보는 독특한 시선 덕분에 제레미가 쓴 리뷰와 오피니언 기사는 신문이 발행될 때마다 가장 인기 있는 읽을거리 중에 하나가 되었다.

학생이 자신의 상황을 승화할 수 있도록 도와줘라

내 수업을 듣는 학생들은 내가 수업시간에 이야기를 들려주는 방식으로 가르친다고 말할 것이다. 사실 내 나이쯤 되면 학생들에게 들려줄 이야기가 무궁무진하다. 가끔은 실제 사례를 들거나 소설 작품과 현실을 연관 지어가며 이야기한다. 그러다 보면 종종 작품 속 인물과 똑같은 고민을 안고 힘들어하는 학생이 눈에 띈다. 그러면 나는 거기에 딱 맞는 구절을 읽어주면서 그 학생의 두 눈을 똑바로 응시한다. '선생님은 너를 아주 잘 알고 있어, 그리고 널 아주 특별하게 생각한단다.'라고 알려주고 싶기 때문이다. 때로는 스스로 이겨낼 수 있도록 용기를 북돋아주는 이야기들을 들려주기도 한다. 주로 일상생활에서 사소한 일에도 좌절하는 학생을 대할 때 들려주는 이야기이다.

조나단은 열여덟 살에 내가 맡고 있던 중학교 3학년 국어 수업에 들어왔다. 겨우 다섯 살 때 고국에서 발생한 대량학살을 피해 낯선 나라로 떠나야 했기 때문에 수년간 학교를 다니지 못한 것이다. 게다가 조나단은 모국어가 아닌 새로운 언어를 익혀야 했다. 특히 고등학교에 진학하려면 읽기와 글쓰기가 필수였기 때문에 이를 따라잡느라 조나단은 늘 고군분투해야 했다.

내 수업을 듣는 학생들은 다양한 장르를 넘나들며 글쓰기 훈련을 한다. 이를 통해 글의 형식이나 어휘를 대상 독자의 눈높이에 맞추는 기법을 배운다. 나는 학생들의 흥미를 끌만한 과제물을 생각해내려고 애썼다. 또한 학생들에게 제시문장을 주고 거기에 맞게 글을 쓰게 했다. 그런데 그렇게 몇 주가 지난 뒤, 나는 조나단을 포기했다. 조나단이 쓴 글 자체는 문제가 없었다. 다만 어릴 때 목격한 끔찍한 장면들만 글로 쓴다는 게 문제였다. 어떤 주제를 내줘도 마찬가지였다. 조나단이 쓴 글은 온통 80만 명의 동포가 몰살당하고, 세계가 이를 방관한 데 대한 충격과 상처뿐이었다.

나는 도저히 조나단의 글을 채점할 수가 없었다. 어머니와 형제자매의 죽음을 묘사한 글에서 문법적으로 틀린 부분을 찾아 빨간 펜으로 표시하는 게 끔찍하게 느껴졌다. 마침내 나는 조나단이 남다른 학생이라는 결론을 내렸다. 대량학살이라는 끔찍한 상황에서 살아남아 여전히 고통받고 있다는 걸 깨달았다. 내가 진행해온 수업방식이 조나단에게 아무런 도움이 안 된다는 것도 알았다. 나는 조나단이 수업에 들어오면 대부분 자신이 쓰고 싶은 글을 자유롭게 쓰게 해주었다. 그러면서 어휘, 맞춤법, 문법 그리고 관용구를 쓰는 기술까지 꾸준히 지도했다.

한편 나는 고등학교 1학년 국어선생님에게 조나단을 소개했다. 그 선생님은 조나단의 경험을 글로 모아 책으로 만들 수 있게 도와주었다. 사진수업을 담당하고 있는 선생님은 조나단이 가지고 있던 사진을 디지털로 변환시켜주었다. 덕분에 조나단은 유일하게 남은 어린 시절의 사진 네 장을 책에 실을 수 있었다. 또한 조나단의 중학교 1학년 국어선생님은 조나단에게 네 달간 고국의 역사를 연구하는 프로젝트를 진행하도록 해주었다. 대량학살이 일어난 원인을 조사하는 프로젝트였다. 역사선생님은 조나단의 연구결과를 영상물로 제작하는 것은 물론 인근 지역 중학교 학생들이 그 영상물을 시청하도록 하는 데 많은 도움을 주었다.

조나단은 스물두 살의 멋진 상급생이 되었고, 졸업식에서 연설할 수 있는 영예를 안았다. 조나단은 전교생들에게 고통스러웠던 과거 이야기를 다시 한 번 생생히 들려주었다. 그리고 앞으로 헤쳐나가야 할 일들과 미래에 대한 두려움이 마음을 짓누를 때 자신의 이야기가 큰 힘이 되기를 바란다고 말했다. 조나단을 이끌어준 선생님들은 아주 현명한 분들이었다. 자신이 맡은 교과과정이 아닌데도 성심껏 지도해준 덕분에 조나단은 삶의 혼돈을 다른 사람들에게 들려줄만한 가치 있는 이야기로 승화시킬 수 있었다. 또 자신의 삶도 가치 있게 만들 수 있었다.

　　평범한 상황이라면 교사는 적합한 수업계획을 마련하고 학생들을 대해야 한다. 하지만 남다른 기질이나 남다른 사건을 겪고 살아온 학생들을 대할 때는 융통성을 발휘할 필요가 있다. 내가 제레미를 위해 할 일은 그 아이가 남다른 기질을 펼칠 수 있도록 도움을 주는 것이었다. 조나단에게는 그 아이가 겪은 남다른 경험을 한걸음 뒤로 물러나 바라보고 글로 표현할 수 있게 해주는 것이었다.

✽ 강의 형식이든, 모둠수업 또는 일대일 수업이든 여러분이 학생들을 가장 잘 가르칠 수 있는 최적의 교실 배치를 머릿속으로 그려보세요. 그래야 교사의 강점이 작용하는 환경에서 학생들을 가르칠 수 있어요. 최적의 교실 배치를 생각해내기까지 시간이 오래 걸릴 수도 있어요. 그래도 최소한 일 년에 한 가지씩은 교실 배치에 변화를 줘보세요.

✽ 새 학년이 시작되기 전에 미리 분명하고 단순하며 논리적인 교실운영 계획을 세우세요. 하지만 특수한 상황에 있는 학생이나 특수한 상황과 맞닥트리면 언제든 계획을 수정하세요.

✽ 삶의 난관에 봉착한 학생들에게 적절한 대안을 찾는 데 도움이 될만한 이야기를 들려주세요. 이것은 학생의 부적절한 행동을 변화시키는 최고의 방법이기도 해요.

✽ 학생 한 명 한 명을 개인적으로 잘 알기 위한 방법으로 학생들의 글을 읽어보는 것만큼 좋은 방법은 없어요. 특히 제시 문장을 활용하여 글쓰기를 하면 학생들의 평소 생각이나 가치관을 쉽게 알 수 있어요. 이 책 마지막에 내가 수년간 사용한 다양한 제시 문장을 수록해두었으니 여러분의 수업에도 활용해보세요(부록 210페이지 참고).

8장

화내는
아이들

이 학생들은 상처받은 경험이 많다. 어떤 아이들은 어렸을 때 신체적으로나 정신적으로 끔찍한 학대를 받아 자신의 상처를 방패 삼아 그 뒤에 숨기도 한다. 이 아이들은 과도할 정도로 화를 내거나 불만으로 가득 차 있다. 그래서 수업시간에 이 아이들을 대하기란 결코 쉽지 않다. 이 아이들에게 다가가기 위해서는 조심스러워야 하지만 아이들 역시 자신의 화를 다스리는 법을 배워야 한다.

화는 누구나 쉽게 낼 수 있다.

하지만 화를 내도 되는 적절한 때에,

합당한 방법으로, 화내는 정도를 조절하며

그 사람에게 화를 내기는 쉽지 않다.

아리스토텔레스(고대 그리스 철학자)

반항하거나, 교사를 조종하거나, 괴롭힘에 시달리는 학생들은 화를 잘 낸다. 이 학생들은 분노를 자신을 보호하는 방패나 무기로 활용한다. 화내는 아이들은 신체적·정서적 학대로 인해 정신적 외상을 입었거나, 가족을 잃거나 혹은 부모님이 힘든 과정을 거쳐 이혼하면서 가족이 뿔뿔이 헤어져 고통받고 있는 경우가 많다. 반면에 선천적으로 아주 예민한 기질을 타고난 아이들도 있다. 조금만 짜증이 나도 과도하게 반응하는 이 아이들은 가정과 학교에서 잘 지낼 수 있는 방법을 찾으려고 어쩌면 불법 약물에 의존할지도 모른다. 스스로 분노를 조절하지 못하면 의사에게 약을 처방받기도 할 것이다. 그래야 그나마 수업시간에 공부에 집중할 수 있기 때문이다.

화내는 아이들은 교사들의 마음에 큰 상처를 줄 수도 있다. 심지어 몇몇 아이들은 교실을 가득 메운 아이들 앞에서 교사와 대결할 기회가 오기만 기다린다. 그래서 화내는 아이들과 해결해야 하는 일은 반드시 교실 밖에서 해야 한다.

타고난 기질을 존중하라

내가 테리를 처음 만났을 때 테리는 중학생이었다. 테리를 가르쳐 본 적은 없었지만 테리에 대한 평판은 익히 들어서 알고 있었다. 테리는 걸핏하면 화를 내고 짜증을 부리는 것으로 유명했다. 학교 안에서 모르는 사람이 없을 정도였다. 격분해서 수업 도중에 교실이나 경기장 밖으로 뛰쳐나가기 일쑤여서 교장실에도 자주 불려갔다. 수업에 지각해서 교사가 벌점을 주면 몹시 화를 내는가 하면, 자기를 괴롭히는 친구에게 화를 내기도 했다.

그런데 유심히 관찰해보니, 테리는 자신에게 가장 심하게 화를 냈다. 농구 경기를 못했거나 시험에서 낙제했을 때 분노가 극에 달했다. 그럴 땐 테리를 교실 밖으로 내보내 마음을 진정시키는 게 최선이었다. 붙잡고 말리려고 했다가는 교사든 누구든 관계없이 테리가 주먹을 날릴 것이 분명했다.

테리의 성장배경을 알고 나니 테리를 대하는 데 도움이 되었다. 테리 아버지는 테리가 아주 어릴 때부터 감정을 폭발하면 엉덩이를 찰싹 때렸다. 그러다 테리가 자라 몸집이 커지자 때리는 강도가 점점 세졌다. 어머니는 때린 적은 별로 없지만 욕설을 했고, 테리 아버지가 그랬듯 좌절감에 그 강도가 점점 더 심해졌다. 테리 어머니나 아버지 모두 테리가 한순간에 깨닫기를 바랐기 때문이다. 하지만 테리의 부모님은 테리가 문제상황에서 자신들과 똑같은 방식으로 대응하리란 걸 예상하지 못했다. 테리가 교사에게 고함을 치거나 다른 학생들과 몸싸움을 하는 건 가정에서 배운 것이었다.

다행히 학생주임을 맡고 있는 여선생님이 테리를 도와주겠다고 나섰다. 분노가 걷잡을 수 없이 커지기 전에 테리가 화를 분산시킬 수 있는 방법을 찾아주려고 애를 썼다. 주임선생님은 먼저 다른 교사들을 설득했다. 수업 도중에 테리가 화가 끓어오른다고 느껴지면 잠시 동안 교실 밖으로 내보내달라고 요청했다. 그러다 보니 테리는 수업시간에 주임선생님의 사무실에 앉아있거나 체육관에서 어슬렁대는 일이 많았다. 그렇다고 테리가 무작정 수업에 빠질 수는 없었다. 주임선생님이 장치를 마련해 테리가 화가 났을 때의 행동을 학교규칙 안에서 선택할 수 있다고 느끼도록 해준 것이다. 테리는 학교수업에 충실해야 했지만 어떤 날에는 자신의 분노를 해소하고 줄일 수 있는 대안이 있다는 아주 중요한 가르침을 얻기도 했다. 테리는 더 이상 분노에 끌려 다니지 않았다.

주임선생님은 테리에게 아주 훌륭한 조언을 해주었다. 자신의 가장 주요한 성격특성을 인정하고 수용하라는 말이었다. 주임선생님은 테리에게 이렇게 말했다. "나는 아무한테나 화를 내지 않아. 화는 굉장한 선물이거든. 오직 내 삶에서 내가 가장 사랑하는 사람만이 나를 화나게 할 수 있지. 그런데 너는 모든 사람들에게 그걸 허락하고 있구나. 사랑의 반대말은 미움이 아니란다. 사랑과 미움은 둘 다 아주 깊은 감정이거든. 사랑과 미움의 반대말은 무관심이야. 내 생각을 한마디로 요약하자면, 너는 너무 많은 사람들한테 너무 많이 마음을 쓰고 있어." 테리는 잠시 주임선생님의 얼굴을 바라보더니 그 말에 대해 생각을 좀 해봐야겠다고 말했다. 주임선생님은 이때 테리의 사고방식이 바뀌기 시작했다는 걸 직감했다고 한다.

주임선생님 덕분에 테리는 분노에 끌려 다니지 않고 화를 조절하기 시작했다. 하지만 안타깝게도 졸업하기 전에 퇴학당하고 말았다. 체육관에서 그만 화를 주체하지 못하고 어떤 학생과 싸움을 벌였기 때문이다. 몇 년 뒤에 테리는 주임선생님에게 소식을 전해왔다. '현실 세계'에서 적응하며 살기가 쉽지 않았지만 대학에 등록해 취업 준비과정을 밟고 있다는 내용이었다.

화를 조절하는 다양한 방법을 알려줘라

해마다 나는 교실에서 화내는 학생들과 함께 수업을 한다. 나는 일부러 화라는 감정에 대해 토론할 수 있는 책과 기사를 골라 학생들에게 읽게 한다(부록 215페이지 참조). 나는 학생들에게 화를 내면 통제력을 잃게 된다고 가르친다. 그리고 한편으로 교사가 가장 대하기 어려운 학생이 자제력이 있는 학생이라고 말하면 학생들은 놀라워한다. 내가 가르친 학생 중에 엠버라는 여학생이 있었다. 엠버는 중학교 3학년과 고등학교 1학년 때 내 수업을 들었는데, 엠버에게 이 말이 진실이라는 것을 증명하는 데 꽤 오랜 시간이 걸렸다.

　　당시 엠버는 많은 사람들에게 화를 냈다. 우선 부모님이 이혼하는 과정에서 겪은 끔찍한 경험 때문에 부모에게 화가 나 있었다. 엠버는 새어머니한테도 화를 냈다. 자신에게 이래라저래라 명령할 권리가 없다고 여겼기 때문이다. 학교에서는 좋아하지도 않는 공부를 억지로 시킨다고 선생님들에게 화를 냈고, 친구들한테는 짜증나게 군다고 화를 냈다. 엠버가 생활하면서 엠버를 화나게 하지 않는 사람은 단 한 명도 없다는 생각이 들 정도였다. 엠버는 마치 이렇게 말하는 것 같았다. "난 전갈자리야. 전갈자리인 사람은 성질 빼면 시체잖아. 그러니 어쩌겠어, 다른 사람들이 참아야지." 아, 정말 그랬다. 엠버와 나 역시 충돌이 잦았다. 하지만 나는 엠버에게 절대 화내지 않았다. 아마 엠버가 지금껏 만나온 어른들 가운데 나만큼 별 반응을 보이지 않은 사람도 없을 것이다.

　　나는 엠버를 대할 때 미리 충분히 준비하고 일관성을 유지했다. 우선 엠버가 지켜야 할 규칙과 책임을 다하지 않을 경우에 따르는 결과를 미리 알려주고, 규칙을 어기면 최대한 사무적인 태도로 침착하게 후속조치를 따르게 했다. 엠버는 소동을 일으키는 데 아주 능숙했기 때문에 주위에 있는 많은 어른들은 놀라울 정도로 쉽게 엠버에게 항복했다. 엠버를 훈육하는 것보다 엠버가 원하는 것을 들어주는 편이 훨씬 더 수월하다고 생각한 것이다. 하지만 놓치고 있는 것이 있었다. 바로 엠버가 성질을 더 자주 부리게 됐다는 사실이다. 어른들이 엠버에게 대들면 성공한다고 가르친 것이나 다름없었다. 즉 훈육하기를 포기하면서, 엠버가 자신이 한 행동에 따르는 책임을 지지 않아도 되게 해준 것이다.

엠버는 고등학생이 되면서 더욱 통제 불능이 되었다. 나는 엠버와 오랜 시간에 걸쳐 대화를 나누었다. 그리고 엠버의 관점을 이해하려고 노력했다. '화내는 아이'와의 관계에 진전을 이루려면 교사는 그 학생들을 이해하기 위해 노력해야 한다. 또 그 학생들에게 '나는 너를 인간적으로 좋아해. 하지만 못마땅하다고 화내는 행동은 좋아하지 않아.'라고 알려주는 것도 중요하다.

엠버는 욱하는 성질 때문에 들을 수 있는 온갖 훈계를 다 들었다. 그래서 나는 다른 방법으로 엠버의 관심을 끌어야 했다. 어느 날 점심시간에 엠버가 교실로 쏜살같이 달려들어 왔다. 교장실에서 방금 혼나고 오는 길이라고 했다. 도서관 사서선생님에게 무례하게 대들었다는 것이다. 엠버는 자기는 잘못한 게 없다고 했다. 많은 사람들이 떠들고 있었는데, 사서선생님이 자기한테만 조용히 하라고 소리를 질렀다며 분통을 터뜨렸다. 나는 웃으면서 짐짓 순진한 척 물었다. "어쩌면 그럴 수가 있지? 왜 엠버한테만 그랬을까? 아, 맞다, 너랑 그 사서선생님이랑 일주일에 한 번씩 똑같은 일로 싸우잖아. 그렇지?" 엠버는 콧방귀를 뀌더니 큰 소리로 말했다. "그 여자 정말 웃긴다니까요, 저만 미워해요!"

나는 공책 한 권을 집어 들고서 뭔가를 찾는 척했다. "잠깐만 기다려, 잠깐만. 어디 보자… 아, 그래, 여기 있네." 나는 엠버에게 미소를 보냈다. "지난 일주일 동안 엠버와 싸웠던 사람들의 목록을 만들어봤어. 우와, 페이지가 계속 넘어가네." 엠버는 내 손에서 공책을 낚아채며 말했다. "재미 없거든요." 나는 표정을 바꿔 진지하게 말했다. "만약 내가 한 사람하고만 싸웠다면 상대가 잘못해서 그랬을 가능성이 커. 뭐, 두세 명까지도 상대가 잘못해서 그런 거라고 스스로 정당성을 주장할 수도 있지. 하지만 이렇게 많은 사람들과 싸우고 그런 일이 반복된다면, 그건 내 잘못이 더 크다고 봐야 해." 엠버가 항의하기 시작했지만 나는 곧바로 말을 덧붙였다. "엠버, 화를 내면 네 인생을 조종하는 리모컨을 상대에게 넘겨주는 꼴이 돼. 상대는 버튼을 마음대로 누를 수 있어. 상대에게 그렇게 큰 힘을 넘겨주면 되겠니?"

나는 엠버에게 자리에 앉아서 마음을 가라앉히라고 말했다. 이야기를 들려줄 차례였다. 엠버는 불안한 듯 눈을 두리번거렸지만 이내 잠잠해졌다. 나는 엠버에게 나의 세 딸 델라니와 제니, 케이시의 이야기를 들려주었다.

"나는 아이들을 때린 적이 없어. 하지만 잘못된 행동을 하면 질릴 정도로 훈계를 했지. 그러다 딸들이 사춘기에 접어들면서 나는 딸들을 깊이 신뢰하기 시작했어. 그래서 집과 학교에서 자신이 맡은 일은 스스로 책임지게 했어. 우리 딸들은 각자 하기 싫은 일을 처리하는 방식이 있었어. 델라니는 십대 때 수동적이지만 공격적인 성향을 보였지. 어떤 문제로 나와 충돌하면 조용히 내 말을 듣기만 할 뿐 한 마디도 말대답을 하지 않았어. 하지만 마음속으로는 이렇게 외치고 있었어. '난 절대로 안 할 거예요!' 제니는 성미가 급했단다. 그래서 내가 길게 이야기하면 3차 세계대전을 방불케 하는 전쟁이 벌어졌지. 제니는 성격이 날 쏙 빼닮아서 내가 '진퇴양난'에 빠지곤 했었어. 고민 끝에 나는 제니의 방문 밑으로 쪽지를 넣어두는 방법을 궁리해냈지. 쪽지에 제니가 꼭 해야 할 일과 하지 않을 경우 일어날 결과를 간단히 적었는데, 대개는 효과가 있었단다."

여기까지 듣고 엠버가 웃었다. 델라니와 제니가 훈계를 들을 때 취하는 태도가 자신과 똑같았던 것이다. 하지만 내가 가장 대하기 힘들었던 아이가 케이시였다고 말하자 의외라는 표정을 지었다. "케이시는 아주 어릴 때부터 자신이 맡은 일을 잘해내면 사람들이 자기 삶에 덜 간섭한다는 사실을 직감적으로 알아차렸던 것 같아. 케이시가 학교에서든 집에서든 무척 노련하게 자신의 일을 처리했기 때문에 나는 케이시를 간섭하기가 어려웠단다. 덕분에 케이시는 십대 때 자유를 만끽했지. 때로는 그게 내 마음을 불편하게 만들 정도였단다. 하지만 나는 케이시를 믿어야 했어. 그렇게 하지 않을 이유가 없었거든."

이제 나는 내 이야기를 거창하게 마무리할 때였다. "그래, 이 꼬마 아가씨야, 이제 네 머릿속에서 이 노트에 적힌 모든 사람들을 지워버려. 너 자신을 자유롭게 해방시키라고. 네 화를 조절해봐. 그러면 네 인생도 조절할 수 있어!" 말을 마치고 엠버를 바라보니 엠버는 내가 말하려는 이야기의 핵심을 잘 이해한 것 같았다.

여러 해에 걸쳐 엠버와 나는 많은 이야기를 나누었다. 엠버는 조금씩 진전을 보였다. 하지만 화내는 습관을 고치기는 쉽지 않았다. 부모님은 엠버가 화를 낼 때 대응하는 방식을 조금도 바꾸지 않았다. 그래서 엠버는 감정을 폭발시킬 때마다 여전히 보상을 받았다. 다행히 엠버가 졸업할 무렵에는 내가 엠버를 놀리거나 웃게 할 수 있을 정도로 우리의 관계가 좋아졌다. 당시 엠버는 졸업식 선물로 자동차를 사달라고 부모님을 조르고 있었다. 엠버가 결국 부모님의 허락을 받아냈다고 말했을 때 나는 엠버에게 이렇게 말하고 싶었다. '네가 자동차를 선물로 받을만한 일을 한 게 뭐가 있더라?' 하지만 그냥 웃음으로 대신했다.

어느 날 오후, 엠버가 교실로 뛰어들어오더니 울분을 토했다. 두 과목에서 낙제점수를 받는 바람에 주말 동안 외출금지당할 것 같다는 것이다. 나는 가만히 듣기만 했다. 엠버가 마음을 가라앉혔을 때쯤 나는 포스트잇에 5,000달러라고 써서 건네주었다. 엠버는 당황한 표정으로 나를 바라봤다. 나는 엠버에게 이렇게 설명했다. "거울에다 이 포스트잇을 붙여 놔. 그리고 부모님이 말도 안 되는 요구를 하며 널 화나게 할 때마다 이 숫자를 쳐다봐. 아마 부모님이 네게 선물할 자동차 값이 이쯤 될 거야. 이게 네가 상황을 긴 안목으로 바라보는 데 도움이 될 것 같구나." 엠버는 그동안 수없이 써왔던 분노 어린 눈빛으로 나를 노려보더니 씩씩거리며 교실 밖으로 나가버렸다. 하지만 엠버는 내가 한 말의 뜻을 명확히 이해했다. 이 일이 있은 지 벌써 수년이 지났다. 엠버는 아직도 내게 소식을 전해온다. 그리고 자신을 끝까지 포기하지 않아줘서 고맙다고 말한다. 자립해서 살아가는 데 적응하기가 쉽지 않지만 엠버는 자신만의 삶의 방식을 찾고 있다고 했다.

체벌은 절대 하지 마라

나는 체벌을 법으로 금지하기 오래전부터 학생들을 가르쳐왔다. 그래서 체벌하는 장면을 실제로 본 적이 있다. 캘리포니아에 있는 학교에서는 체벌을 하지 않았다. 하지만 테네시로 전근을 갔더니 그 학교에서는 여전히 체벌이 합법이었다. 당시 나는 이제 막 교사가 되어 도시에서 멀리 떨어진 어느 시골 고등학교에서 학생들을 가르치고 있었다. 옆 교실에서는 자칭 '싹싹한 미국 남부의 남자'라고 부르는 퍼디 선생님이 학생들을 가르치고 있었다. 하루는 퍼디 선생님이 내게 자신과 함께 복도로 나가줄 수 있냐고 물었다. 증인이 필요하다는 것이다. 무슨 말을 하는 건지 알 수 없었지만, 일단 교실 밖으로 나갔다. 퍼디 선생님은 덩

치가 큰 열일곱 살짜리 남학생 한 명을 복도로 끌어내더니 그 학생에게 허리를 굽히고 손으로 양 발목을 잡으라고 지시했다. 그러고는 60센티미터쯤 되는 나무 회초리를 집어 들어 학생의 엉덩이를 힘껏 내리쳤다. 학생의 몸이 정확히 30센티미터 정도 앞으로 휘청거렸다. 나는 충격에 빠졌다. 하지만 퍼디 선생님과 그 남학생은 고개를 돌려 내 표정을 보더니 웃어대기 시작했다. 나는 교실로 다시 돌아왔다. 교실에서도 학생들이 나를 보고 자지러지게 웃어댔다. 내가 옆 교실 학생이 체벌받는 모습을 못마땅해한다는 걸 알아차린 것이다. 이 사건으로 나는 몇 주간 학생들과 교사들의 놀림거리가 되었다. 하지만 체벌이 가장 효과 없는 훈육방식이라는 내 신념은 변하지 않았다.

어느 날, 내 신념을 증명할 수 있는 기회가 찾아왔다. 교직원 휴게실에 있을 때였다. 퍼디 선생님이 날 불러 세우더니 당장 '회초리 맛'을 보여줘야 할 학생이 있으면 자기한테 부탁하라고 말했다. 퍼디 선생님과 몇몇 다른 교사들이 웃었다. 나는 함께 웃었다. 그러고는 내 옆에 있던 의자를 손으로 가볍게 톡톡 치며 말했다. "여기 좀 앉아보시겠어요, 퍼디 선생님. 저는 선생님하고 생각이 달라서 얘길 좀 해야겠어요." 끊임없이 날 짓궂게 놀려도 내가 화내지 않고 받아준 탓인지 퍼디 선생님은 기꺼이 내 요구에 응했다. "지난번에 그 학생을 왜 회초리로 때리신 거예요?" 퍼디 선생님이 대답했다. "성질을 부리면서 다른 학생한테 주먹을 날리려고 했거든요.", "다른 사람을 때리면 안 된다는 걸 가르쳐

주려고 그 학생을 때리신 거예요?" 퍼디 선생님이 눈살을 찌푸리며 말했다. "캘리포니아에서는 학생들의 행동을 어떻게 단속했는지 모르겠지만, 그런 녀석들한테는 회초리만 한 게 없어요."

나는 또 물었다. "부모님도 그 학생을 때리나요?" 퍼디 선생님이 웃으며 말했다. "아, 그럼요, 집안의 골칫거리거든요. 아버지한테 거의 매일 맞아요." 나는 고개를 끄덕이며 말했다. "그 학생은 어릴 때부터 매를 맞았군요. 그럼 그 학생은 올해 학교에서 얼마나 자주 매를 맞았을까요?", "적어도 일주일에 한 번은 맞았을 거예요, 성질이 아주 고약해요", "그렇다면 그 학생은 어릴 때부터 부모님한테도, 선생님들한테도 정기적으로 체벌을 받아온 거네요. 그런데도 지금까지 계속 문제를 일으키고 있고요. 제 생각엔, 선생님께서 지난번에 그 학생에게 한 체벌은 별 효과가 없는 것 같은데, 지금부터라도 다른 방법을 써보시는 건 어떠세요?"

휴게실에 있던 다른 선생님들이 웃기 시작했다. 퍼디 선생님은 절레절레 고개를 저으며 내 말은 충분히 이해하지만 그건 내가 그런 학생들을 어떻게 다뤄야 하는지 잘 몰라서 그런 거라고 말했다. 그때는 몰랐지만, 이듬해에 그 학생은 내가 맡은 직업 국어 수업을 들었다. 하지만 나는 그 학생을 가르치면서 한 번도 체벌을 한 적이 없었다. 퍼디 선생님은 결국 나와 친구가 되었다. 매도 더 이상 들지 않게 되었는데, 그건 나 때문이 아니라, 테네시 주의 법규가 바뀌었기 때문이었다.

퍼디 선생님은 체벌이 학생들을 제재하는 데 효과가 있다고 경험해왔다. 하지만 정작 문제는 학생이 화를 참지 못하고 폭력을 휘두른다는 이유로 그 학생을 체벌한다면 학생은 잘못된 교훈을 배우게 된다는 사실이다. 형태에 관계없이 모든 체벌은 학생에게 모욕감과 수치심, 그리고 공포감을 준다. 이것이 체벌의 진실이다.

── 사적인 감정으로 받아들이지 마라

화내는 학생들을 가르칠 때 교사는 어떻게 하면 화를 적절한 방식으로 조절할 수 있는지 모범을 보여야 한다. 쉬운 일은 아니다. 그렇더라도 교사는 학생이 화가 나서 내뱉은 말을 교사 개인에 대한 감정으로 받아들여서는 안 된다. 교사 자신의 아들이나 딸이 아닌 이상, 그 학생은 솔직히 상처를 입힐 만큼 교사를 잘 알지도 못한다. 나는 학생이 내 말에 꼬투리를 잡고 공격해도 응수하지 않는다. 대신 학생이 그렇게 반응하도록 자극한 원인을 찾으려고 노력한다. 고의로 학생을 화나게 한 게 아니라면, 학생의 분노는 훨씬 더 고질적인 문제에서 비롯된 것일 수 있다. 시간을 내서 무엇이 잘못된 건지 알려고 노력한다면 그만큼 보람 있는 일이 될 것이다.

수업시간에 한 학생이 갑자기 감정을 폭발시켰던 일이 기억난다. 교사가 과제의 일부로 그날 저녁 아버지에게 질문 몇 가지를 해오라고 했는데, 그게 원인이었다. 알고 보니 그 학생의 아버지가 일주일 전에 집을 나간 상태였던 것이다. 학생은 매일 밤 공황상태로 귀가했다. 집에 도착하면 어머니는 각종 밀린 대금을 어떻게 내야 할지 계산하느라 정신이 없었다. 학생은 교사 개인을 공격하려고 감정을 폭발한 게 아니다. 그걸 교사 개인에 대한 감정 표출로 받아들이는 건 어리석은 일이다.

교사는 수업시간에 학생들에게 어른들은 까다로운 상황에서 어떻게 행동하는지를 몸소 실천해서 보여줘야 한다. 그런 다음 학생들에게 수업시간에 정중하게 행동하라고 요구해야 한다. 학생들이 종종 화를 낸다고 해서 교사를 존중하지 않는 건 아니다. 하지만 일상적으로 무례하게 말한다면 그건 교사를 존중하지 않는 것이다. 기본은 교사가 자신이 대접받고 싶은 그대로 학생들을 대해야 한다는 것이다. 그 일은 교사가 먼저 시작해야 한다.

✳ 학생에게 벌을 줄 때는 최대한 사무적인 태도를 취하세요. 단, 그전에 학생들은 교실규칙과 규칙 위반 시의 후속조치를 숙지하고 있어야 해요. 그리고 벌칙은 자신이 한 행동에 따른 합당한 결과라는 인식을 갖고 있어야 해요.

✳ 교실 밖에서 학생이 울분을 해소할 수 있는 방법을 계획한다면 학생주임 선생님이나 학교 훈육담당 선생님에게 협조를 요청하세요.

✳ 화내는 학생은 현재 겪고 있거나 과거에 일어난 사건 때문에 절망감에 빠져 있는 경우가 많아요. 그래서 나는 학생들을 미래에 집중하게 해서 분노를 해소시켜주려고 노력해요. 그 방법 중 하나가 <미래 직업 목록 만들기> 활동이에요(부록 213페이지 참고). 이 목록에 내 목표도 한 가지 넣어서 나처럼 나이 든 사람도 목표가 있음을 학생들에게 알려줘요.

✳ 책이나 기사를 읽고 '화'라는 주제로 학생들과 함께 토론하거나 독후활동을 해보세요. 예를 들어 나는 회고록에 관한 단원을 가르칠 때 학생들에게 토비아스 울프가 쓴 《이 소년의 생애(This Boy's Life)》라는 회고록을 읽게 한 다음 '화'를 주제로 독후활동을 해요(부록 215페이지 참고). 이야기가 갈등을 중심으로 전개되기 때문에 공감하기도 쉽고, 학생들이 자신의 화를 누그러뜨릴 수 있는 적절한 방법을 찾을 수 있어요.

9장

눈에 띄지 않는 아이들

어느 학교에나 눈에 띄지 않게 행동하는 데 능숙한 학생들이 있기 마련이다. 이 학생들은 조용히 자기 할 일만 한다. 교사나 다른 학생들에게 불필요하게 주목받는 상황을 피하고 싶은 것이다. 그러면서도 여느 학생들처럼 인정받고 싶어 한다. 어떤 아이들은 병적으로 수줍어하고, 또래들과 어울리는 방법을 몰라 스스로 왕따라고 느끼는 아이들도 있다. 만약 이 아이들이 전혀 소속감을 느끼지 못한다면 그들 자신이나 학교에 엄청난 위험을 초래할 수 있다.

"나를 바라봐주는 사람을 찾고 싶어요.
단 한 명뿐일지라도."

———————

브루스 스프링스틴(미국 작곡가 겸 가수)
'Badlands' 가사 중에서

2년 전, 동료교사에게 한 학생에 대해 이야기한 적이 있다. 그런데 동료교사는 내가 누굴 말하는지 알지 못했다. 그 학생은 4년간 학교에 다녔다는 것 말고는 특별히 눈에 띄는 점이 없는 아이였기 때문이다. 어느 학교에나 눈에 띄지 않게 행동하는 데 능숙한 학생들이 있기 마련이다. 이 학생들은 조용히 자기 할 일만 한다. 교사나 다른 학생들에게 불필요하게 주목받는 상황을 피하고 싶은 것이다. 그러면서도 여느 학생들처럼 인정받고 싶어 한다. 눈에 띄지 않는 학생들은 졸업하고 몇 년이 지나면 교사의 머릿속에서 지워진다. 졸업앨범을 뒤적이지 않으면 기억나지 않을 정도다. 그러나 한편으로 학교나 자기 자신에게 심각하게 해를 끼치는 극단적인 아이들도 있다.

　나는 이런 학생들을 고려해서 수업을 작은 모둠활동으로 진행한다. 우선 지각을 알리는 종소리가 울리면 30초 안에 재빨리 교실을 훑어

보면서 출석을 점검한다. 그런 다음 자리에 없는 학생들의 이름을 적어 교실 문 밖에 게시한다. 수업시간이 늘 부족해서 학생 한 명 한 명의 이름을 부르지는 않지만, 결석생은 학교에 알려야 하기 때문이다. 수업하는 동안 교사는 학생들을 관리·감독할 법적 책임이 있다. 신입교사 시절, 어떤 선생님은 내게 이 사실을 반드시 명심해야 한다고 강조했다. 만약 학생이 수업에 빠지거나 다치면, 또 학생의 행방이 묘연한데 교사가 그 사실을 누구에게도 알리지 않으면 소송을 당할 수 있다는 것이다.

그래도 나는 출석을 부르면서 수업시간을 허비하고 싶지 않다. 매번 호명하다 보면 새 학년 초 며칠만 지나도 수업 초반의 분위기가 흐려지고, 그 사이에 학생들이 문제를 일으킬 수도 있다. 그래서 나는 교실 전체를 훑어보면서 머릿수를 센다. 수가 부족하다 싶으면 더 꼼꼼하게 살펴본다. 학생이 한 명이라도 자리에 없으면 금세 알아챌 수 있다는 자부심도 있다. 하지만 나도 평소 눈에 띄지 않던 학생한테 감쪽같이 속은 적이 있다. 이 학생들은 아주 능수능란하게 자취를 감춘다. 심지어 교사 바로 앞에 앉아 있다가도 감쪽같이 사라진다.

학생들에게 선택권을 주어라

눈에 띄지 않는 학생들은 때로는 고통스러울 정도로 수줍어하고, 때로는 주위의 시선을 과도하게 의식하며, 때로는 혼자 있고 싶어 한다. 따라서 수업시간에 학생 모두가 활동에 참여해야 하는 상황이라고 해도 이 학생들의 경우에는 천천히 참여하도록 해주는 편이 좋다.

내 경험을 빌어 설명하자면, 한 번은 전 학년이 참가하는 교내 연설대회가 열린 적이 있었다. 대회 방식은 다음과 같다. 먼저 국어시간에 학생들 한 명 한 명이 연설을 하여 예선전을 치르고 나면 그중에서 반 대표 두 명을 선발한다. 이 학생들은 다시 같은 학년의 다른 반 대표들과 경쟁을 벌이게 되는데, 여기서 학년 대표를 두 명을 가려낸다. 그리고 최종적으로 각 학년 대표들이 전교생 앞에서 연설을 하게 된다.

나는 별로 수줍음을 안 타는 성격이다. 그런데도 어릴 때부터 사람들 앞에서 연설하는 건 딱 질색이었다. 남의 시선을 지나치게 의식했기 때문이다. 하지만 눈에 띄지 않는 학생들한테는 그 정도가 아니다. 웅변대회가 최악의 악몽이나 다를 바 없다. 동료교사들은 여러 사람 앞에서 명료하고 효과적으로 연설하는 기술을 배워두면 직업 세계에서 아주 유용하게 쓰인다고 말한다. 글을 명료하고 효과적으로 쓰는 것만큼이나 가치 있는 기술이라는 것이다. 나는 이 말이 옳다고 생각한다. 그래서 교과과정에 연설을 한 단원으로 포함시켜서 모든 학생들이 연설을 해보게 한다. 하지만 대회에 나갈지 말지의 여부는 학생 스스로 선택하게 한다.

학생들은 먼저 나와 함께 연설문을 작성해야 한다. 그 뒤에 다른 학생 몇 명이 모인 작은 모둠 앞에서 연설을 하는데, 이때 앉아서 연설할 것인지 서서 할 것인지 선택한다. 나아가 긴장한 탓에 손이 떨리는 걸 청중들이 알아채지 못하도록 손에 묵직한 책이나 폴더를 들어야 한다는 등의 연설 기술도 몇 가지 배운다.

학생들이 연설하기에 앞서 나는 채점기준에 관한 설명을 인쇄하여 학생들에게 나눠준다. 예선전에서는 학생들이 내가 알려준 대로 무리하지 않게 연설의 필수요건을 충족시킨다. 그러고 나면 학년 대회에 나갈 후보자를 물색하는데, 수업마다 적게는 두세 명, 많게는 대여섯 명이 자원한다. 학년 대회에 나가면 강당의 연단에 서서 연설을 해야한다. 나머지 학생들은 평가 설문지를 작성하는데, 그 점수를 반영하여 학년 우승자를 선발한다.

전 학년이 참가하는 연설대회가 다가오면 나는 참가학생에게 교실 밖에서 조용히 연습할 수 있는 기회를 마련해준다. 눈에 띄지 않는 학생들 앞에서 연설을 해보게 하는 것이다. 사람들 앞에 서서 말하기를 두려워하는 학생들이야말로 어떻게 하면 청중의 관심을 끌 수 있는지 조언해줄 적임자이기 때문이다. 또 이렇게 하면 눈에 띄지 않는 학생들도 연설대회를 트라우마로 경험하기보다는 배움의 기회로 받아들이게 된다. 단, 이때 교사는 그 학생들이 느낄 두려움을 세심하게 참작하여 좀 더 편안한 방식으로 연설 연습에 참가할 수 있게 해주어야 한다. 실제로 내 수업을 들은 학생들은 모두 한 해 동안 배운 것 중에서 연설대회가 가장 유익했다고 수업평가를 하는데, 그걸 보면 나도 놀랄 정도다.

학생의 성장을 격려하라

전 학년이 참가하는 연설대회는 보통 2학기에 열린다. 그래서 나는 1학기에 학생들이 여러 사람 앞에서 연설 연습을 할 수 있도록 여러 가지 활동을 계획한다. 그중 가장 인기 있는 활동은 '내 인생의 노래를 담은 CD 만들기'이다. 사람들은 노래를 들으면 지난날의 추억이 떠오르고 마음이 편안해지고 기분이 좋아진다. 그래서 노래를 친구들에게 선물로 건네기도 한다. 친구와의 추억을 떠올릴 수 있기 때문이다.

이 활동을 하기 위해 학생들은 지금까지 살아온 날들을 연대표로 만들어서 가장 행복했던 순간과 가장 슬펐던 순간, 때로는 인생의 전환점을 맞았던 시기를 표시한다. 그런 다음 CD 재킷을 디자인한다, 뒤에는 노래와 가수 이름 목록을 적어 넣고, 안쪽에는 그 노래에 담긴 사연을 직접 글로 작성한 해설서를 만들어 넣는다. 여기까지 하면 이 활동은 끝난다. 하지만 많은 학생들은 굳이 굽지 않아도 되는 CD를 굽는다. 나는 학생들에게 세월이 흘러 나중에 이 CD를 들으면 아주 좋을 것이라고 말해준다. 결혼해서 자녀가 있다면 아이들도 좋아할 것이라고 말해준다. 물론 엄마 아빠의 음악취향이 이상하다고 놀리긴 하겠지만 말이다.

학생들은 이 과제에 엄청난 열의를 보인다. 하지만 몇몇은 이 과제를 두려워한다. 완성한 CD를 다른 학생들 앞에서 발표해야 하는 마지막 단계가 남아있기 때문이다. 나중에 있을 연설대회도 연습할 겸 나는 학생들이 교실 앞에 나와 자신이 만든 CD 재킷을 보여주고, 노래 목록을 읽고, 그중 몇 곡을 골라 그 노래에 담긴 사연을 발표하게 한다. 예전에 나는 이 발표 후에 서로 좋아하는 음악이 같다는 이유로 친구가 된 학생들을 본 적도 있다. 또, 공부벌레로 불리던 학생이 레드 제플린을 포함해 의외의 노래 목록을 발표해서 이 학생에 대한 고정관념이 완전히 깨진 적도 있었다.

발표 날이 가까워오면 나는 눈에 띄지 않는 학생들 중 수줍음을 많이 타는 학생들에게 다가가 CD를 발표할 수 있겠느냐고 확인한다. 랜디는 내가 일 년 동안 걱정을 많이 했던 학생 중 한 명이었다. 겨우 여덟 살 때 자동차 사고로 아버지를 잃었고, 이해 초에는 암 투병을 하던 어머니마저 세상을 떠났다. 다행히 마음씨 좋은 친척들이 랜디를 보살펴주었지만 원래부터 수줍음이 많은 랜디는 이해 내내 마음의 상처를 입은 채 학교생활을 하며 사람들의 관심을 최대한 피하려고 했다.

나는 이런 상황을 고려한다면 랜디를 과제 발표에서 빼줘야 할 것 같은 생각이 들었다. 하지만 그 대신 랜디를 따로 불러 과제 발표 날 다른 학생들에게 CD 재킷을 보여주고 노래 몇 곡의 제목을 읽어주는 정도만 해도 된다고 알려주었다. 랜디는 고맙다고 했다. 하지만 랜디 혼자만 과제 발표를 면제받으면 모든 학생이 오히려 더 관심 갖게 된다는 걸 나도, 랜디도 알고 있었다.

우리는 계획을 세웠다. 랜디가 발표를 하다가 나를 쳐다보면 내가 곧바로 질문을 던져 랜디가 마지막에 언급한 가수에서 다른 가수로 자연스럽게 이야기를 돌리기로 했다. 이렇게 하면 학생들이 부자연스럽다는 느낌을 전혀 받지 않을 것 같았다.

그렇게 랜디와 나는 과제 발표 준비를 마쳤다. 랜디는 그저 교실 앞에 나와 잠시 동안 서있기만 하면 된다고 이해하고 있었다. 그런데 놀라운 일이 일어났다. 그날 랜디는 CD를 손에 들고 교실 앞으로 나오더니 고개를 약간 숙여 머리카락으로 눈을 살짝 가렸다. 그런 다음 CD 재킷을 보여주었는데, 거기에는 환타지 만화, 특히 원정을 떠난 기사단에 대한 열정이 독창적으로 표현되어 있었다.

이어 랜디는 노래 목록을 읽어 내려갔다. 나는 화제를 딴 데로 돌려달라고 랜디가 쳐다볼 순간만 기다렸다. 그런데 랜디는 그렇게 하지 않았다. CD 재킷을 열더니 자신이 고른 노래 열 곡을 모두 소개하기 시작했다. 이날만큼 랜디가 다른 학생들에게 말을 길게 한 적이 없었다.

노래 목록은 랜디가 태어난 도시, 랜디의 형, 다섯 살 때 다녀온 가족여행, 아버지의 죽음, 어머니의 장례식, 자신의 미래 계획과 관련된 곡들로 채워져 있었다. 학생들과 나는 너무 놀라 할 말을 잃었다. 자신에 대해 말하기가 분명 고통스러웠을 텐데 랜디는 중단하지 않았다. 나 역시 방해하지 않았다. 어떤 면에서 랜디에게는 카타르시스를 느끼는 순간이었다. 친구들도 이날의 일을 기분 좋게 받아들였다.

랜디는 조금씩 사교성이 생기고, 교내 활동에도 참여했다. 하지만 수줍음 많은 성격은 앞으로도 여전할 것이다. 비록 짧은 순간이었지만 랜디는 과제 발표를 하면서 다른 학생들에게 자기 자신을 드러내보였다. 다른 학생들도 랜디를 달리 보기 시작했다.

나는 랜디만 한 나이였을 때, 선생님이 연설을 하라고 지시하면 기꺼이 F를 선택했었다. 내가 왜 반항하는지 이해하려고 애쓰거나, 위협적이지 않은 태도로 내가 연설할 수 있도록 방법을 찾고 도와주는 선생님을 나는 만나지 못했다.

교사는 교육과정을 설계할 때 한 가지 방식을 모든 경우에 적용할 수 없다는 사실을 알아야 한다. 따라서 여러 가지 가능성을 열어두고 융통성을 발휘할 필요가 있다.

다른 목표를 갖도록 도와주어라

눈에 띄지 않는 학생들이 단지 수줍음이 많아서 다른 학생들 속에 묻혀 지내는 건 아니다. 말수가 거의 없는 학생 중에는 모국어가 아닌 다른 나라 언어로 수업을 들어야 하기 때문인 경우도 있다. 이 학생들은 교실에서 큰 소리로 말하면 다른 학생들이 듣고 비웃지 않을까 걱정한다. 말을 잘 못 알아듣고, 모르는 글자가 많아 글을 잘 읽지 못하기 때문이다.

나는 누구한테 책을 선물 받는 게 즐겁다. 그래서 나도 책을 선물한다. 그런데 어떤 학생들은 내가 책을 건네면 마치 자신의 손에 화상을 입히기라도 하는 듯 민감하게 반응하기도 했다. 글을 제대로 배우지 못한 학생들은 그대로 두면 자칫 삶의 대부분을 인쇄된 활자와 씨름하며 보내야 할지도 모른다. 그래서 나는 읽기 수준이 어떠하든 관계없이 학생들이 각자 적어도 책 한 권을 읽고 긍정적인 영향을 받을 수 있게 하려고 노력한다.

최근에 한국에서 온 중학교 3학년 여학생을 가르친 적이 있다. 이름이 미아였는데, 이 학생은 고국을 떠나 다른 나라에서 살아가며 새로운 친구를 사귀고, 학업을 따라잡느라 사투를 벌이고 있었다. 또 수업 시간 내내 자신이 듣거나, 말하거나, 읽는 영어 단어 하나하나를 한국어로 해석하느라 애를 먹었다.

내가 새 학년 둘째 주부터 새로운 책을 읽을 예정이라고 알려주었을 때 미아는 고개를 떨구었다. 나는 미아에게 책 한 권을 건네주었다. 내가 권한 책은 그림이 많아 글자를 수월하게 읽을 수 있는 만화 형식의 책이었다. 미아는 책을 펼쳐보더니 얼굴이 환해졌다. 그 모습을 보니 나도 미소가 절로 나왔다.

또한 이 책은 압제 정권 치하에서의 삶과 다른 나라의 관점에서 본 미국 정부에 관한 토론거리도 가득하다. 덕분에 미아는 한국에서 살아온 자신의 경험을 차분하게 이야기하면서 토론에 도움을 줄 수 있었다. 나중에 안 사실이지만 미아는 미술에 대한 열정이 대단했다. 미아는 이 책에 관한 첫 에세이를 제출하면서 표제지에 직접 스케치를 그려 넣었다. 또 CD 재킷에 그린 삽화는 다른 학생들 사이에서 미아를 단연 돋보이게 해주었다. 모두 미아 자기만의 방식으로 해낸 것이다.

소속감을 갖게 해주어라

교실에서 학생들이 저마다 '가장 인기 있는 학생'이 되고 싶어 경쟁하는 것에 대해 교사는 아무런 책임이 없다. 하지만 교사는 어떤 학생도 교실에서 '아무것도 아닌 애'가 되지 않도록 할 방법을 생각해내야 한다. 눈에 띄지 않는 학생들은 대부분 어떤 식으로든 학교생활을 조용히 견딘다. 하지만 그중 일부는 주목받기를 바란다.

나는 교사생활을 하면서 예의 바른 십 대들 중에 소수는 겉으로는 조용히 지내지만 속에는 분노와 억울함이 가득하다는 사실을 알게 됐다. 한 번은 한 남학생을 집까지 태워준 적이 있었다. 그때 그 학생이 같이 수업을 듣는 학생에 대한 증오심을 여과 없이 그대로 드러내는 바람에 나는 덜컥 겁을 먹고 말았다. 목소리를 높이지도, 주먹을 휘두르지도 않았지만 학교에서 '인기 있는 학생' 몇 명을 어떻게 하고 싶은지를 천천히, 체계적으로 설명했기 때문이다.

학교에서 하는 행동만 보면 그 남학생은 수줍음이 많다는 것 말고는 다른 어떤 이미지도 전혀 떠오르지 않는 아이였다. 누가 도와달라고 요청하면 언제나 흔쾌히 나섰고, 성적은 평균 이상을 유지했으며, 다른 학생들과 싸운 적도 없었다. 다만 거의 모든 학생들이 그 학생을 무시했는데, 그게 큰 실수로 번질 가능성이 있었다.

나는 그 학생과 친밀하게 관계를 맺고 있던 선생님과 의논했다. 선생님은 자신이 얼마 전에 개설한 방과 후 주사위 놀이 클럽에 그 학생을 가입시키려고 많은 노력을 기울였다. 서서히 그 학생은 같이 게임을 즐기는 친구들과 사귀기 시작했다. 그러면서 소외감을 조금씩 해소해나갔다. 이런 학생들은 공동체에서 자신이 꼭 필요한 구성원이라고 느끼도록 도와줄 필요가 있다. 그렇지 않으면 극단적인 경우 사람들의 관심을 끌려고 참혹한 일을 저지를 수도 있다.

몇 년 전, 매일 혼자 점심식사를 하던 얌전한 남학생이 한 명 있었다. 어느 날 우연히 그 학생이 아주 화려해 보이는 초콜릿 컵케이크를 먹는 걸 보고 나는 그 학생의 옆자리에 앉았다. 그리고 장난삼아 만약 또다시 초콜릿 컵케이크를 학교에 가져와 내 눈앞에서 뽐내면 방과 후에 남게 하겠다고 으름장을 놓았다. 다음 날 내 책상 위에는 그 학생이 두고 간 초콜릿 쿠키 한 접시가 놓여있었다. 내가 관심을 가져줘서 좋았던 것이다. 이후에도 그 학생은 정말로 많은 초콜릿을 내게 가져왔다. 내가 그 학생을 '초콜릿 밀매상'이라고 부를 정도였다. 심지어 나는 그 학생이 멀리서 오는 걸 보면 숨는 시늉까지 했다. 다른 학생들은 그 학생을 여전히 좀 이상하게 여겼지만 그 일로 그 아이의 또다른 면모를 보게 되었다.

교사는 해야 할 일이 너무나 많다. 하지만 주어진 시간은 턱없이 부족하다. 그러다 보니 관심을 가져달라고 공공연하게 요구하지는 않지만 눈여겨볼 필요가 있는 학생들을 외면하고 싶은 마음이 드는 것도 사실이다. 하지만 연극 '세일즈맨의 죽음(Death of a Salesman)'에서 아서 밀러가 말했듯이, "사람은 누구나 관심받기를 원한다."

* 교사와 학생들의 공통점은 교사들 자신도 한때 학생이었다는 사실이에 요. 그 시절에 느꼈던 기쁨, 공포감, 누군가 동기를 부여해줬던 경험을 잊 지 말고 떠올려보세요. 거기서 출발한다면 여러분의 교사 경력이 얼마나 되었든 관계없이 많은 도움을 얻게 될 거예요.

* 여러분이 좋아하는 활동을 학생들도 좋아할 것이라고 생각하지 마세요 (예를 들어 연설하기, 노래, 운동 등). 최선의 방법은 그 활동을 왜 좋아하는 지 학생들에게 증명해보이는 거예요. 학생들은 여러분과 완전히 다른 방 식으로 학습이나 삶을 대한다는 사실을 늘 염두에 두세요.

* 눈에 띄지 않는 학생들은 여러분에게 관심을 가져달라고 요구하지 않아 요. 그러니 교실 안팎에서 이 학생들을 잘 관찰하세요. 그리고 이 학생들 이 소속감을 느낄 수 있도록 학교활동에 참여시킬 방법을 찾아보세요.

* <내 인생의 노래를 담은 CD 만들기>와 같은 활동을 해보세요(부록 218페 이지 참고). 눈에 띄지 않는 학생들이 또래 친구들에게 자신을 표현하도록 도와줄 거예요. 주의할 점은 이 아이들이 편안한 분위기 속에서 활동할 수 있는 최적의 방법을 찾는 일이에요.

* '걸어 다니는 시한폭탄' 같은 아이가 발견되면 상담교사 또는 학교 관리자 에게 알리세요. 단, 이 학생이 다른 학생들에게 폭력을 휘두를 위험이 있다 고 말하지는 마세요. 다만 학생의 심리상태가 염려된다는 점을 알리세요.

10장

완벽을
추구하는
아이들

이 학생들은 최고가 되어야 한다는 압박감에 시달린다. 궤양이 생길 정도로 성적을 걱정하며, 강박적으로 자신의 평점을 계산하고 또 계산한다. 만약 이 아이들이 교사의 평가 방법이나 평가 체계에 이의를 제기해도 된다고 판단하면 문제가 될 수 있다. 아이들의 부모가 이러한 판단을 전폭적으로 지원한다면 문제가 심각해질 수 있다.

완벽하려고 하지 마라.

결코 완벽해지지 못할 테니.

───────

살바도르 달리(스페인 초현실주의 화가)

완벽을 추구하는 학생들은 최고가 되어야 한다는 압박감에 시달린다. 부모님의 기대와 요구에 부응하려고 그런 경우도 있지만 학생 스스로가 완벽을 추구해야 한다는 신념을 굳게 갖고 있는 경우도 많다. 이 학생들은 궤양이 생길 정도로 성적을 걱정하며, 강박적으로 자신의 평점을 계산하고 또 계산한다. 3학년 2학기가 되면 신경쇠약에 걸리는 학생이 한 명 이상 생겨날 정도다.

이 학생들은 교사의 평가 방식이나 평가 체계를 문제 삼기도 하는데, 이런 행동은 문제를 일으킬 수 있다. 부모까지 뒤에서 지지해주면 문제가 더 심각해진다. 하지만 이 학생들에게 그런 행동이 문제가 된다는 사실을 깨닫게 해주기가 쉽지만은 않다. 완벽을 추구하는 학생은 대부분 성적이 우수한데다가 과제에 도전해서 실패한 적이 별로 없기 때문이다.

성적에 집착하는 학생을 진정시켜라

완벽을 추구하는 학생들은 대부분 표준화된 시험에 도전하기를 즐긴다. 아주 영리해서 시험에 출제될 것 같은 개념을 재빠르고 능숙하게 포착하며, 그 정보를 얻기 위해 교사에게 어떤 식으로 질문해야 하는지도 알고 있다. 이 아이들 정도면 학교에서 뛰어난 능력을 발휘하는 자신에 대해 자부심을 느끼는 게 당연하다. 하지만 완벽을 추구하는 학생들은 자신을 잘 믿지 못해 괴로워한다. 대부분은 경쟁심이 아주 강해서 성적을 A로 받는 정도로는 만족하지 못한다. 만점을 받지 못하면 적어도 전교에서 가장 높은 점수를 받아야 직성이 풀린다.

내가 기억하는 한 학생은 에세이 성적으로 A를 받았다. 그런데도 자신이 잘못 표기한 쉼표 두 개에 내가 동그라미 표시를 했다는 이유로 미친 듯이 괴로워했다. 그날 나는 그 학생을 진정시키느라 방과 후에 30분 동안 애를 써야했다. 최종 점수와는 아무 상관이 없다고 말해도 제발 동그라미 표시를 지워달라고 애원했다. 그 학생은 예전에도 평가에서 우수한 성적을 받았다. 그런데도 오로지 내가 친 동그라미 표시만 보고 자신의 에세이를 실수투성이라고 여겼다. 대화를 하면 할수록 학생은 점점 더 흥분했다. 나는 차분하게 쉼표를 쓰는 위치와 관련한 규칙을 설명하면서 대화의 주제를 바꿔보려고 애썼다. 그러다 결국 에세이에서 '완벽하게' 쓴 부분을 모두 칭찬해주고, 잘못 표기한 쉼표를 바로잡아서 인쇄해준 다음에야 학생의 마음을 누그러뜨릴 수 있었다. 물론 나는 점수를 바꿔주지는 않았다. 하지만 그 학생은 자신의 생활기록부에 있던 완벽한 결과물 위에 또 하나의 '완벽한' 에세이를 철해야만 마음이 편했던 것이다.

　나는 그 학생이 강박증에 사로잡혀 있다고 생각한다. 훗날 어른이 되면 책상 위에 모든 펜들을 정해진 순서대로 줄 세워놓지 않으면 일을 시작하지도 못할 수 있다. 사실 그 학생은 처음 수업에 들어올 때부터 글쓰기 실력이 탁월했다. 에세이 점수에 그렇게 공을 들일 필요가 없었던 것이다. 내가 할 수 있는 건 그 학생이 느끼는 성적에 대한 압박감을 덜어주는 일뿐이었다. 그래서 나는 일부러 모든 학생들의 폭넓고 다양한 실력들이 드러날 수 있는 평가를 자주 치른다.

── 학생이 가진 다양한 역량을 평가하라

　학생을 낙제시키는 건 그리 어렵지 않다. 그 방법 또한 나는 잘 알고 있다. 첫째, 매 학기 성적을 산출할 때 여러 차례 실시한 평가 가운데 서너 가지만 골라 성적을 매긴다. 둘째, 문법과 어법 평가를 되도록 많이 실시한다. 셋째, 정정을 허용하지 않는다. 이렇게 하면 학생들을 공포에 떨게 하고, 학교에서 '가장 깐깐한 선생님' 행세를 할 수 있다. 왜 그런지 모르겠지만, 나 역시 그러고 싶기도 했다.

　그런데 나와 함께 일했던 동료들 중에 성적표에 F 도장을 찍는 걸 대단한 자부심처럼 여기는 교사들이 있었다. 그래야 학생들이 성적 수준을 유지한다고 여겨 생각을 바꾸지 않았다. 내 생각에, 자신의 업무 결과물에 기준미달 도장을 이렇게나 많이 찍어대면서 해고당하지 않는 직종은 교육 분야가 유일할 것 같다. 한 번은 신입교사들과 대화를 나누는데, 낙제를 너무 많이 시켜서 수업을 듣는 학생들이 반기를 들었다며 하소연을 했다. 학생들 입장에서 보면, 교사들은 자신이 담당하고 있는 교과목을 학창시절에 잘했을 테니 학생들이 제출하는 과제물이 F를 줄 만큼 한심해 보이는 거 아니겠냐는 것이다.

나는 모든 교사들에게 '평가'를 다른 관점에서 생각해보라고 권한다. 한 예로, 평가를 실시한 다음에는 반드시 학생의 성적이 왜 '최우수', '우수', '보통', '보통 이하', '낙제'인지를 설명해야 한다. 나와 함께 근무하는 수학선생님은 실력이 아주 뛰어난 분인데, 2학기 기말고사를 폐지하자는 운동을 벌이고 있다. 학기가 끝나면 학생들이 시험에서 틀린 문제를 바로잡을 기회가 없기 때문에 결국 배우는 게 없다는 것이다.

다음으로, 평가는 학생들이 특정 분야를 배우면서 얼마만큼 역량이 성장하고 발전했는지 보여주는 지표가 되어야 한다. 수업을 해보면, 어떤 학생들은 자기 학년보다 수준을 높여야 공부를 더 잘하고, 어떤 학생들은 자기 학년보다 수준을 낮춰야 공부를 더 잘한다. 따라서 교사는 어떻게 해야 상위권 학생들이 좌절하지 않고 도전하게 만들 수 있는지 방법을 찾아야 한다.

마지막으로, 어떤 과목이든 학생들은 한 가지 이상의 기술을 배운다. 이를테면, 나는 수업시간에 읽기와 글쓰기, 사고력을 가르친다. 각각의 기술은 다시 하위범주로 나뉘는데, 여기에는 글의 내용, 구성, 어법, 용어 선택, 문장구조 등이 있다. 나는 또한 무슨 과목이든 공부를 잘하기 위해 갖춰야 하는 자질에 점수를 준다. 수업 준비물을 빠짐없이 잘 챙겨오거나, 정해진 시간에 맞춰 과제물을 제출하거나, 긍정적인 태도로 수업에 참여하는 행동들이 여기에 해당한다. 그러면 시험 점수는 낮아도 근면 성실한 학생들에게 다양한 방법으로 점수를 줄 수 있다. 교사의 본분은 자신의 재능을 활용해서 학생들이 성공할 수 있도록 동기를 부여하는 데 있지 권한을 이용해 학생들을 낙제시키는 데 있지 않다.

완벽하게 대응하는 법을 찾아라

나는 허술하게 계획된 평가가 어떻게 역효과를 내는지 명확하게 보여주는 예로 시인 T. S. 엘리엇과 매기라는 완벽주의 여학생에 관한 이야기를 즐겨 한다. 당시 고등 국어 수업에 들어간 학생들은 수업시간에 배운 건 모조리 다 공부해야 한다는 말을 입에 달고 살았다. "볼튼 선생님께서 이것도 알아둬야 해!"라고 했기 때문이란다. 이 학생들에게는 볼튼 선생님의 수업이 우등상을 받을 수 있는 마지막 기회였다. 그래서 학생들은 두려움과 공포심을 안고 볼튼 선생님의 교실에 들어갔다.

수업 첫날부터 과제는 어려웠고, 추가로 공부해야 할 분량도 아주 많았다. 게다가 T. S. 엘리엇의 작품을 다룰 날이 다가오자 볼튼 선생님은 학생들의 공포감을 고조시키면서 묘하게 즐거워했다. 학생들은 엘리엇의 시와 에세이, 희곡을 읽어야 했다. 하지만 볼튼 선생님은 아랑곳하지 않고 이렇게 말했다. "너희들 대부분은 틀림없이 이번 시험을 망칠 거야. 분명히 주어진 시간 안에 문제를 다 풀지도 못할 테니까."

그 무렵 학생 몇 명이 수업을 중도에 포기하는 일이 생겼다. 매기는 이 모든 상황이 터무니없다고 생각했다. 하지만 매기는 성적이 우수한 학생이었고, 도전에 익숙했다. 시험 날이 다가올수록 경쟁심이 강하고 이기는 데 익숙한 매기 집단의 학생들은 스트레스가 점점 심해졌다. '불가능한 시험'에 대비하느라 밤새워 공부했고, 기대감과 아픈 몸을 이끌고 시험을 치르러 교실에 들어갔다. 매기도 다를 바 없었다. 덜덜 떨리는 손으로 시험지 뭉치를 펼치고 첫 문제를 읽어 내려갔다. 시험문제를 푸는데 도무지 집중이 되지 않았다. "시험문제를 다 푸는 건 불가능해.""너희는 시험을 망칠 거야."라는 볼튼 선생님의 말이 계속 머릿속에서 맴돌았다. 어느 순간 매기는 고개를 들어 주위에 있는 다른 학생들을 둘러보았다. 대부분이 불안해 보이는 자세로 책상 위로 몸을 숙이고 있었다. 순간 매기의 입에서 느닷없이 킬킬대는 웃음소리가 튀어나왔다. 처음에는 작은 소리였는데 점점 소리가 커졌다.

다른 학생들이 겁먹은 눈빛으로 매기를 쳐다보았다. 볼튼 선생님은 매기가 앉아 있는 책상 쪽을 노려보았다. 하지만 한번 터진 웃음보는 멈춰지지 않았다. 결국 매기는 자리를 박차고 일어나 소지품을 챙기고는 시험지를 볼튼 선생님에게 내밀었다. 그러자 볼튼 선생님이 말했다. "너도 알겠지만 이러면 낙제야." 매기는 지금까지 단 한 번도 선생님한테 무례하게 말한 적이 없었다. 하지만 이날은 "아니요, 선생님의 시험이 낙제에요!"라고 맞받아쳤다. 그러고는 곧장 상담실로 가서 정규 상급반 국어 수업으로 시간표를 바꿔달라고 요청했다. 수석을 자치할 수 있는 기회를 놓쳤다는 걸 알지만 매기에게는 자존감이 더 중요했다.

사실 나는 완벽함을 추구하느라 괴로워하는 학생과 함께 앉아서 이 이야기를 나누곤 한다. 그리고 성적에 대한 내 가치관을 설명해준다. 이때 교실 벽에 붙여놓은 글귀를 자주 언급한다. "실수를 절대 하지 않는 사람은 실수를 두려워하지 않는 사람을 위해 일한다." 나는 내 수업을 듣는 모든 학생들에게 자신이 좋아하는 분야에서 열정적으로 일한 사람의 자서전이나 전기를 읽어보라고 한다. 학생들이 새 학년 초에 공부를 시작하면서 자신의 목표에 집중할 수 있도록 해주기 위해서다. 완벽을 추구하는 학생들에게도 같은 과제를 내주는데, 어떤 직종에서든 성공한 사람들은 누구나 실패를 경험하고 극복하기 때문이다.

교사들은 의외로 전 과목에서 우수한 성적을 내는 학생들을 대할 때 힘들어한다. 내가 가르쳤던 여학생 한 명은 중학교 때부터 과목마다 최고 평점으로 상을 많이 받았다. 굉장히 영리하고, 품행도 단정하고, 끈기도 있었다. 주어진 과제도 대부분 거뜬히 해냈다. 그런데 고급반으로 옮기면서 과제의 난이도가 높아지고 전문화되자 결국 시험에서 난생 처음 B를 받고 말았다. 그 여학생은 완전히 공황상태에 빠졌다. 나는 그 여학생을 위로하면서도 이 '비극'을 아무 일도 아닌 것처럼 무마하지 않으려고 노력했다. 같이 수업을 듣는 학생 대부분이 쪽지시험을 망친 터였지만 이 여학생에게는 조금도 위로가 되지 않았다. 성적을 B로 받았다는 건 F를 받은 것과 똑같았기 때문이다.

우리는 이 점수를 거리를 두고 바라보려고 많은 시간 대화를 나누었다. 그리고 학년 말 무렵, 미적분 시험에서 그 학생이 C를 받았을 때 함께 기뻐했던 것을 기억한다. 그 여학생이 그렇게밖에 할 수 없어서 그런 건 아니다. 당연히 내 교실을 찾아왔을 때 그 여학생은 화가 났지만 현실을 받아들이려고 했다. 자신의 문제점을 파악하고 있었고, 어떻게 고쳐야 할지도 알고 있었다. 나는 기념으로 그 여학생을 데리고 아이스크림 가게에 갔다.

감춰진 결점을 드러내게 하라

나는 교생실습 첫해부터 마약남용과 같은 자기 파괴적인 행동에 빠지는 학생들을 봐왔다. 하지만 자해를 습관적으로 하는 학생들을 보면 지금도 두려운 마음이 든다. 여러 가지 조사 결과만 보더라도 대학생

다섯 명 가운데 한 명 꼴로 자해를 시도한다고 한다. 내가 가르쳤던 완벽을 추구하는 학생 몇몇도 일정 기간마다 한 번씩 자기 몸에 칼을 대거나 화상을 입혔다. 한 여학생은 이런 행동이 남들은 모르는 자신의 결점이라고 내게 털어놓았다. 그게 자신을 완벽하다고 여기는 사람들의 기대로부터 자유로워질 수 있는 자기만의 탈출방법이라고 말했다. 내가 근무한 여러 학교에서 졸업을 겨우 한 달 앞두고 어쩔 수 없이 자퇴하는 학생들이 있었다. 가장 어려운 과목에서 최고 점수를 얻어야 한다는 기준을 스스로 정해놓고, 그 압박감에 심한 신경쇠약에 걸린 것이다.

한 번은 학교 도서관 뒤쪽에 있는 열람실을 걸어가다가 아주 뛰어난 우등생인 앤드류가 개인 열람석에 맥없이 주저앉아있는 것을 발견했다. 얼마나 울었는지 얼굴이 퉁퉁 부어 있었고, 바닥에는 인쇄물과 휴지뭉치들이 여기저기 흩어져있었다. 앤드류는 애써 자기는 괜찮다고 말했다(완벽을 추구하는 사람들은 남들이 보는 데서 쉽게 약한 모습을 드러내지 않는다). 그러다 결국 그동안 매일 새벽 3시에 알람을 맞춰 놓고 일어났으며, 등교하기 전에 몇 시간씩 공부를 해왔다고 고백했다. 하루에 서너 시간만 자면서 여러 달을 버텨왔는데, 이제는 한계에 이르렀다는 것이다. 앤드류는 심지어 대학 지원에 필요한 스펙을 쌓으려고 학교와 지역사회에서 하는 여러 봉사활동에도 참여하고 있었다.

앤드류와 이야기를 나누면서 나는 '건강이 많이 안 좋구나. 잠을 더 자도록 해.' 같은 논리적인 충고를 해서는 안 된다고 생각했다. 이 젊

은이는 의대 진학을 목표로 하고 있었고, 앞으로도 수면부족을 감수하며 살아가는 법을 배워야할 게 분명했다. 또 부모님이 자신의 야심찬 진학 목표를 지원하려고 많은 희생을 감수했다는 걸 알고 있었고, 이런 부모님께 실망을 안겨드리게 될까 봐 두려워하고 있었다. 나는 앤드류가 느끼는 압박감을 무시하기보다 인정해주는 편이 도움이 되겠다는 판단이 들었다.

나는 앤드류에게 만약 언젠가 내가 수술을 받는다면 집요하리만치 일을 완벽하게 하는 의사의 손에 맡기고 싶다고 말했다. 또 이왕이면 치료를 받는 내내 나를 안전하게 보살필 수 있을 만큼 몸이 건강한 의사라면 좋겠다고 말했다. 나는 앤드류와 양호실까지 함께 걸어갔다. 그리고 너무 아파서 공부를 못하게 되기 전에 시간을 내어 학교 상담교사와 이야기를 해보라고 권했다. 앤드류가 진학 준비를 어느 정도 해야 충분한지에 대해 균형감각을 회복하도록 도와줄 사람이 필요했기 때문이다. 또 앤드류는 행복이 미래에 있는 게 아니라, 미래로 가는 그 길에 있다는 것을 배울 필요가 있었다.

시험의 목적을 설명하라

완벽을 추구하는 학생들은 자신이 받은 성적을 수긍하지 못하면 지칠 때까지 따지고 들어서 교사를 힘들게 한다. 그래도 효과가 없다고 느끼면 일부 학생들은 서슴지 않고 부모님을 논쟁에 끌어들인다. 어떤 학생은 최고 성적이 나오지 않으면 과도하게 화를 내는데, 이런 행동은 가정에서 배웠을 가능성이 높다. 이런 학생의 부모는 자녀가 공부에 쏟아부은 노력의 가치를 높이 평가하지 않는다. 오로지 전 과목 A만을 성공의 지표로 인정한다. 나는 학부모-교사 회의에서 부모가 자녀의 성적이 공정하게 평가되지 않았다고 문제 삼는 것을 무수히 보고 들어왔다.

　따라서 교사는 학생들이 공부를 시작하기 전에 특정 과제에서 무엇을 평가할지 정확하게 알려주어야 한다. 이런 점에서 나는 수학선생님이 몹시 부럽다. 수학은 문제를 정확히 풀었는지 아닌지만 확인하면 되니 말이다. 하지만 글쓰기는 형식보다 발상이 더 중요하다. 그래서 평가하기가 매우 까다롭다. 내가 아는 국어선생님들은 학생이 쓴 에세이를 읽고 대부분 평균 이하의 점수를 준다. 대부분의 직장인들이 그렇듯 학생들도 언어를 완벽하게 표현해내기 어렵기 때문이다. 주로 B나 C를 가장 많이 주는데, A를 너무 많이 주면 의심을 받고, D와 F를 많이 주면 학부모가 찾아오기 때문이다.

　완벽을 추구하는 학생들(그리고 이 학생들의 부모님)을 돕기 위해 내가 쓰는 전략은 성적 평가 기준을 정하고, 이를 받아들이게 하는 것이다. (1)일관된 정확성보다는 성장의 흔적이 드러나는 작품 (2)각 과제에서 내가 평가하는 역량들과 각 역량을 표본화하고, 전체 성적을 백분율로 제시한 명확한 평가 규정(부록 219페이지 참조). 나는 서류에 이러한 평가 기준을 분명하게 명시한다. 학생들과 부모님들에게 내가 진심으로 학생들이 최선을 다하는 것에 관심을 기울이고 있다는 믿음을 주고 싶기 때문이다.

수많은 질문에 대비하라

마지막으로 완벽을 추구하는 학생들을 가르칠 때 염두에 두어야 할 것이 있다. 이 학생들은 과제를 새로 내주면 해보기도 전에 걱정부터 하는 경향이 있다. 그래서 만에 하나 생길지 모를 우발적인 상황을 낱낱이 알려고 든다. 쉽게 말해, 과제에 관해 끝없이 질문을 퍼부어서 수업의 흐름을 완전히 깨뜨릴 수 있다. 또 다른 학생들을 짜증나게 해 교실에서 문제가 일어날 소지가 많다. (이 학생들은 완벽을 추구하는 학생들이 만점에 가까운 성적을 받는 것도 좀 떨떠름해한다.) 아주 인내심 많은 선생님조차도 수업의 흐름이 깨지면 짜증 섞인 반응을 보일 수 있다.

완벽을 추구하는 학생들은 대개 영리해서 교사가 과제를 설명하기 시작하면 마음은 이미 저만치 앞서가 있다. 만일에 생길 문제를 예측하느라 분주하다. 교사가 미처 설명을 마치기도 전에 손을 들기도 한다. 나는 학생들이 프로젝트를 진행하기에 앞서 새로운 주제를 제시하려고 노력한다. 시간을 들여 그 주제를 탐험해보기를 바라기 때문이다. 이때 일정한 흐름을 유지하는 게 아주 중요하다. 학생들이 기대감을 쌓아가게 하기 위해서는 말이다. 하지만 완벽을 추구하는 학생이 끼어들어 그 흐름을 깨뜨린다. 걱정이 앞서 참지 못하는 것이다.

이런 경험을 통해 내가 터득한 방법이 있다. 우선 프로젝트를 설명하는 데 시간이 좀 걸린다는 점과 프로젝트를 완성하는 데 필요한 각 단계를 내가 신중하게 검토했다는 점을 미리 언급한다. 그리고 수업이 끝나기 전에 모든 학생이 수행할 작업을 완전히 이해했는지 확인한다. 그런 다음 질문이 떠오르면 메모에 적어두었다가 이때 제출하라고 말한다. 나에게 먼저 설명할 기회를 주면, 끝난 다음에 기쁜 마음으로 모든 질문에 하나하나 대답해주겠다는 뜻이다. 그런데 완벽을 추구하는 학생들은 자신이 질문하려던 것을 잊어버릴까 봐 무척 두려워한다. 그래서 도중에 끼어들지 못하게 하면 자기가 하려던 질문을 잊지 않으려고 집중하다가 내 설명을 놓치고 만다. 하지만 질문할 내용을 적어두게 하면 잠시 잊어도 대개 설명이 끝날 무렵 그 질문에 대한 답변을 이미 들었다는 걸 알게 된다. 하지만 길게 설명할 필요가 없는 경우에는 반드시 질문하라고 한다. 그 편이 모두에게 도움이 되기 때문이다.

어렸을 때부터 나는 완벽해야 한다는 생각에 괴로워한 적이 없다. 하지만 사람들과의 관계에서 벌어지는 실수나 문제들에 집착해서 제대로 문제가 해결되지 않으면 미칠 것만 같았다. 의도적으로 집착한 건 아니지만 강력한 강박 충동에서 나온 행동은 주의해야 한다. 불안해하는 사람한테 그저 걱정하지 말라고 말하는 건 어리석은 일이다. 마찬

가지로 완벽을 추구하는 학생에게 그냥 긴장을 풀라고 말하는 건 아무 도움도 되지 않는다.

　대개 이 학생들은 자신이 겪는 스트레스를 밖으로 표출할 필요가 있다. 그리고 완벽하지 않아도 된다고 허용해주는 것이 필요하다. 나는 이 학생들을 신들의 심기를 건드리지 않으려고 약간의 결함을 문양으로 짜 넣은 나바호 인디언 족의 양탄자에 비유한다. 나는 이 사실을 완벽을 추구하는 한 학생을 이해하면서 어렴풋이 눈치챌 수 있었다. 그 학생은 수업시간은 물론 체육시간과 기타 활동 시간에도 늘 일등을 해야만 하는 아이였다. 나는 그 학생에게 완벽을 추구할수록 영광의 순간에 자신이 느끼는 감정을 누구도 경험할 수 없도록 기회를 빼앗는 꼴이 된다고 말해주었다. 그 학생은 내가 무슨 말을 하려는 건지 정확하게 이해했다.

* 성적은 각 교과목을 담당한 선생님 한 분이 특정 시간에 특정 영역의 능력을 평가한 것임을 학생들에게 이해시키세요. 성적이 어떻든 관계없이 모두가 똑같은 학생이에요. 성적이 A급 학생이거나 B급 학생이라는 걸 의미하지는 않아요.

* 학생들에게 열심히 하라고 요구할 때 성적에 대한 압박감에 시달리는 학생에게는 특별히 주의해야 해요. 물론 교사는 학생들이 분발할 수 있도록 격려해야 해요. 그렇더라도 학생들이 두각을 나타내는 분야는 학생 수만큼이나 다양하다는 점을 명심하세요.

* 학생들이 좋은 성적을 받을 수 있도록 가능한 한 평가 기회를 여러 번 주세요.

* 채점 방식을 문서화하세요. 학부모와 학생들에게 A부터 F까지 성적이 어떻게 매겨지는지 자세히 숙지시키세요.

* 학생들의 완벽주의 성향을 고치려고 하지 마세요. 그게 학생의 강점이자 단점이기도 하니까요. 그보다는 학생 스스로 자신의 성향을 잘 통제할 수 있는 법을 가르치세요.

* 학생들이 과제를 시작하기 전에 〈과제 평가 기준 표〉를 미리 나눠주세요. 교사가 과제에서 정확히 무엇을 평가하는지 알 수 있게 해주세요(부록 219페이지 참고).

학생들의 목소리에 귀 기울여주세요

인간은 비슷하면서도 다르다.
이것이 교육이 직면한 모순이다.

르네이트 케인&제프리 케인(교육가, 작가)

학기가 끝날 무렵이면 나는 학생들에게 수업 평가서를 쓰게 한
다. 이번 학기에 어떤 활동이 도움이 되었고, 어떤 활동이 시간 낭비라
고 생각되었는지 알아야 하기 때문이다. 물론 학생들에게 평가서에 쓴
내용이 성적에 아무런 영향을 미치지 않는다고 미리 말해둔다. 첫 학기
가 끝날 스음이면 학생들도 나와 함께 몇 달 동안 수업을 해온 시점이
기 때문에 대부분 나를 신뢰하고 정직하게 자신의 의견을 표명한다. 그
런데 수업 평가서를 살펴보다가 종종 놀랄 때가 있다. 처음 수업평가를
실시할 때만 해도 나는 학생들이 맞춤법과 문법규칙 연습하는 시간을
싫어할 거라고 예상했었다. 그런데 꼭 그런 것만은 아니었다. 또 학기 중

에 학생 상당수가 내가 특별히 즐겨하는 활동을 하지 말자고 주장한 적도 있었다. 나는 학생들의 그런 정직함이 고맙다. 그래서 학생들의 의견에 늘 영향을 받는다.

그동안 나에게는 훌륭한 재능을 가진 교사들의 수업을 참관할 기회가 여러 번 있었다. 또, 내 수업을 참관한 학교 각 부서의 책임자들로부터 교사로서 실력을 키우는 데 도움이 될만한 충고를 듣는 기회도 많았다. 하지만 내가 들은 최고의 수업평가는 학생들이 해준 것이다. 내가 수업을 잘하는지 못하는지를 학생들만큼 제대로 아는 사람이 또 누가 있겠는가?

방학을 맞아 교실 문을 잠그기 전에 내가 항상 하는 일이 있다. 책상에 앉아 한 학기 동안 어떤 활동이 성공적으로 진행되었는지 찾아보고 그 수업의 과정을 표로 작성한 다음 보완해야 할 점을 기록하는 일이다. 나는 매년 학기 말에 학생들이 한 수업평가와 내가 심사숙고한 내용을 토대로 새 학년에 실행할 교실규칙과 규칙 위반 시의 후속조치를 세밀하게 조정한다. 교사와 학생들의 공통점은 교사들 자신도 한때는 학생이었다는 사실이다. 그 시절에 자신이 교실에서 어떻게 느꼈는지 떠올려보는 것에서 출발한다면 많은 도움을 얻게 될 것이다.

매일 책상에 앉아 이 책을 쓰면서 과거에 가르쳤던 학생들에게서 내가 무엇을 배웠는지, 그리고 학생들은 내게 무엇을 배웠는지 떠올려보았다. 가끔 대여섯 명이 머릿속을 빙빙 맴돌기도 했는데, 이런 생각으로 아침을 보내는 것은 유쾌한 일이었다. 교사생활을 하면서 지금까지 어림잡아 약 3,000명 정도의 학생들을 가르친 것 같다. 그 학생들을 전부 기억하면 좋으련만 그러질 못해 아쉽다. 하지만 몇 명은 내 머릿속에서 떠나질 않는다. 자신의 길을 찾기 위한 노력이 다른 학생들보다 더 괴로웠거나, 절망적이었거나, 반대로 아주 들떠있었기 때문이다. 이 학생들은 내가 이듬해에 새로운 학생들을 만나 그 아이들이 스스로 자신의 행동을 이해하고 학교에 적응할 수 있도록 도울 때마다 마치 신화처럼 제시하는 전형적인 사례가 되었다. 이 학생들의 이야기가 나에게 통찰력과 영감을 주었던 것처럼 여러분에게도 그럴 수 있기를 간절히 바란다.

부록

1장

<학생 정보> 파악하기

학년 초에 학생에 관한 정보를 되도록 자세히 파악하세요. 교사가 학생 한 명 한 명을 잘 알고 있다는 인상을 심어주고, 학생들이 교실에서 소속감을 느끼도록 할 수 있어요.

❖ 진행방법

1. <학생 정보 질문지> 양식을 만드세요. 학부모 연락처와 학생의 생년월일, 학생의 미래 목표 외에 수업계획을 세우는 데 도움이 될만한 질문도 몇 가지 작성해 넣으세요.

2. 수업 첫 날, 준비한 양식을 나눠주고 학생들에게 답변을 꼼꼼하게 작성하여 제출하게 하세요.

3. 이후 학생을 대하거나 수업계획을 세울 때 질문지의 답변을 참고하세요.

〈학생 정보 질문지〉 양식

학생 이름 ＿＿＿＿＿＿＿＿＿

1. 자신의 생년월일, 그리고 부모님 성함과 연락처를 아래의 빈칸에 꼼꼼하게 써넣으세요.

  ∘ 학생 생년월일 ＿＿＿＿＿＿＿　　연락처 ＿＿휴대전화 번호 및 이메일 주소＿＿

  ∘ 어머니 성함 ＿＿＿＿＿＿＿　　연락처 ＿＿휴대전화 번호 및 이메일 주소＿＿

  ∘ 아버지 성함 ＿＿＿＿＿＿＿　　연락처 ＿＿휴대전화 번호 및 이메일 주소＿＿

  ∘ 기타 보호자 ＿＿＿＿＿＿＿　　연락처 ＿＿휴대전화 번호 및 이메일 주소＿＿

  ∘ 집 주소 ＿＿＿＿＿＿＿＿＿＿＿＿＿＿＿＿＿＿＿＿＿＿＿＿

2. 아래의 질문을 읽고 최대한 구체적으로 답을 작성해주세요.

  ∘ 여가시간에는 무엇을 하고 싶나요?

  ∘ 미래에 어떤 직업을 갖고 싶나요?

  ∘ 새 학년 일 년 동안 특별히 읽고 싶은 책이나 쓰고 싶은 글 혹은 익히고 싶은 생활기술이 있나요? 있다면 어떤 것인가요?

3. 아래의 항목 중에서 이 수업에서 더 배우고 싶은 것을 골라 표기하세요.

항목	표기	항목	표기
에세이 구성		주제 문장 정하기	
제한 시간 내에 글 완성하기		요약하기	
리포트 쓰기		맞춤법	
어휘		문법 및 어법	
독해력		암기력	
필기		듣기	
발표하기		학습 방법	
미래 목표 정하기		대인관계 기술 배우기	

기타 :

<교실규칙 서약서> 만들기

교실규칙은 학생들이 충분히 수긍할 때 효과적으로 운영될 수 있어요. <교실규칙 서약서>를 활용하여 학생들이 교사가 설명한 교실규칙을 모두 알고 이해했다는 사실을 문서로 남기세요.

❖ 진행방법

1. 교사가 정한 교실규칙 몇 가지와 이를 어길 경우에 따를 결과를 <교실규칙 서약서>에 인쇄하여 학생들에게 나눠주세요.

2. 서약서에 명시된 교실규칙에 대해 세부적인 사항까지 구체적으로 설명하세요. 그리고 각 규칙이 왜 필요한지도 분명하게 알려주세요.

3. 학생들에게 교사가 설명한 교실규칙을 모두 읽고 이해하였다는 의미로 서약서에 해당 날짜를 쓰고 서명하게 하세요.

〈교실규칙 서약서〉 양식

1. 교실에서 지켜야 할 규칙

규칙	후속조치
1. 수업시간을 잘 지키세요.	1. 벌점 1점(한 학기당 2회까지 벌점 없음)
2. 준비물을 반드시 챙겨 오세요.	2. 구두경고 후 반성문 쓰기
3. 지시사항을 잘 따르세요.	3. 구두경고 후 반성문 쓰기
4. 음식물과 음료를 가져오지 마세요.	4. 구두경고 후 반성문 쓰기
5. 다른 학생을 방해하지 마세요.	5. 구두경고 후 반성문 쓰기

2. 규칙을 어길 경우 실행할 후속조치.

교실규칙을 어기면 250자 분량의 반성문을 써야 한다. 글의 내용에 반드시 규칙을 어긴 이유와 그 결과, 그리고 앞으로 어떻게 규칙을 지킬 것인지에 대한 계획이 포함되어야 한다. 다 쓴 반성문은 다음 수업시간에 제출한다. 만약 제출하지 않을 경우에는 500자 분량의 반성문을 써야 한다. 이때도 제 시간에 제출하지 않으면 교무실에 가서 반성문을 다 써야만 교실로 돌아올 수 있다.

나는 선생님이 정한 교실규칙과 규칙 위반 시에 실행하는
후속조치를 모두 읽고 이해하였습니다.

이름 _____ 서명_____

날짜 _____년 _____월 _____일

<교실규칙 시험> 안내

~~~~~~~~

학생들이 <교실규칙 서약서>에 서명한 뒤에는 그 주 마지막 날에 교실규칙에 관한 시험을 실시하세요. 학생들이 교실에서 어떻게 행동해야 하는지 세세한 부분까지 숙지하도록 하는 데 효과가 있어요.

❖ 진행방법

1. 매일 수업 중 몇 분간 학생들과 함께 교실규칙 익히는 시간을 가져보세요.

2. <교실규칙 시험>을 실시하세요.

3. 시험을 치른 후에는 교실규칙을 아직 완전히 숙지하지 못한 학생이 누군지 파악해서 개별적으로 지도하세요. 그리고 이 학생들에게 재시험의 기회를 주세요.

교실규칙 시험지 양식

학생 이름 _____

1. 지각을 몇 회 하면 벌점 1점을 받나요?

2. 수업 끝나는 종이 울릴 때 교실 문 옆에 서 있어도 될까요? 수업시간에 졸아도 괜찮은 때는 언제일까요?

3. 수업시간에 반드시 가져와야 할 세 가지 준비물은 무엇인가요?

4. 수업시간에 10분 이상 지각하면 어떻게 될까요?

5. 다른 학생을 1회 방해하면 어떻게 되나요? 또 교실 앞에 나와 모둠수업 하고 있는 친구들을 1회 방해하면 어떻게 될까요?

6. 다른 학생을 2회 이상 방해하면 어떻게 될까요?

7. 자리에서 문제가 발생하거나 컴퓨터에 문제가 생기면 어떻게 해야 할까요?

8. 정해진 날짜에 반성문을 제출하지 않으면 어떻게 될까요?

9. 먹을 것과 음료수(물병은 제외)를 수업시간에 가져와도 될까요?

10. 수업시간에 화장실에 가고 싶으면 어떻게 해야 할까요?

3장

<친구 추측하기> 활동 안내

～～～～

적응하지 못하는 아이들은 소외감을 느끼는 경우가 많아요. 반 전체 학생들과 함께 <친구 추측하기> 활동을 진행하여 아이들이 편견이나 고정관념 없이 서로를 알아가고 소속감을 가질 수 있도록 해주세요.

❖ 진행방법

1. 먼저 학생들에게 반에서 친한 친구의 이름을 적어내게 하세요.

2. 그 친구를 제외하고, 새 학년에 올라와 처음 만났거나 서로 얼굴만 알고 있던 학생들끼리 2명씩 짝을 지어주세요.

3. 짝끼리 마주 보고 8분간 상대가 어떤 아이인지 추측하여 그 내용을 쓰게 하세요. 이어 각자 추측한 내용을 10분간 짝과 공유하면서 실제와 다른 부분이 있다면 모두 수정하게 하세요.

4. 학생들을 제자리로 돌려보낸 뒤, 이 활동으로 짝에 대해 새롭게 알게 된 사실을 있다면 발표하여 반 전체와 공유하게 하세요.

5. 활동 후의 느낌을 글로 써오라는 과제를 내주세요.

〈친구 추측하기〉 활동지 양식

학생 이름 _____

1. 아래에 적힌 이름의 친구를 찾아가세요.

   ◦ 친구 이름 : 홍길동(예시)

   ◦ 추측한 내용 :

2. 위의 친구를 찾아가 아무 말 하지 말고 그냥 바라보세요. 그리고 아래 사항에 따라 친구가 어떤 사람인지 추측해보고 그 내용을 적어보세요.

   ◦ 좋아할 것 같은 음식

   ◦ 좋아할 것 같은 영화

   ◦ 좋아할 것 같은 음악

   ◦ 흥미 또는 취미

   ◦ 형제 관계는?

   ◦ 진로 계획

   ◦ 좋아할 것 같은 스포츠

   ◦ 좋아할 것 같은 과목

   ◦ 좋아할 것 같은 애완동물(이름도 추측할 것)

   ◦ 아침에 일어나 학교 갈 준비를 하는 데 걸리는 예상 시간은?

3. 추측한 내용을 짝에게 공개하고 함께 이야기 나눠보세요. 만약 실제와 다른 내용이 있다면 모두 수정하세요.

〈친구 추측하기〉 과제 양식

학생 이름 _____

1. 잘 모르는 친구에 대해 추측해보고, 그 내용을 서로 교환했을 때 어떤 느낌이 들었나요? 개괄적으로 작성해보세요.

2. 아래의 질문에는 구체적으로 답을 작성해주세요.

° 친구가 나에 대해 추측한 내용을 듣고 어떤 느낌이 들었나요?

° 친구에 대한 나의 추측은 얼마나 정확했나요??

° 내 추측이 빗나가서 친구를 곤란하게 한 상황이 있었다면 쓰세요.

° 내 추측이 맞아서 다행이라고 느낀 상황이 있었다면 쓰세요.

° 고정관념을 가지고 친구를 대한 적이 있나요?
  어떤 상황이었는지 설명해보세요.

4장

<수업 안내문> 만들기

특출난 학생들은 특별대우는 받는 데 익숙한 경우가 많아요. <수업 안내문>을 활용하면 교실에 있는 학생을 모두 공평하게 대하고 특출난 학생에게 효과적으로 영향력을 행사할 수 있어요.

❖ **진행방법**

1. 학년 초에 교과 수업에 대한 안내와 성적 채점 방식이 명확하게 설명된 <수업 안내문>을 학생들에게 나눠주세요.

2. 어떠한 경우에도 채점 방식과 교실규칙 그리고 규칙 위반 시의 후속조치를 모든 학생에게 공평하게 적용된다는 내용을 꼭 포함시키세요.

〈수업 안내문〉 양식

1. 중학교 3학년 국어수업 안내

◦ 수업목표 : 학생들의 읽기와 쓰기 능력, 사고력 향상

◦ 교과과정 : 학습법에 초점을 둡니다. 중학교 3학년 국어 교과에서 배우는 읽기와 쓰기 기술은 실제 직업 세계에서뿐 아니라 다른 교과를 배우는 데도 아주 유용합니다. 따라서 학습법, 특히 맞춤법, 문법, 어휘 실력을 향상시키는 데 더 비중을 둡니다.

◦ 진행방식 : 일대일 수업, 소그룹 수업, 자기주도 수업 병행

◦ 수업활동 : 다양한 형식의 글쓰기 활동을 진행합니다. 학생마다 개인 작품집을 만들어 수업시간에 쓴 글들은 모두 보관합니다. 학생의 쓰기 능력이 얼마나 향상되었는지 한 눈에 관찰할 수 있습니다.

2. 각 학기 성적 구성

평가 항목	평가 비중
시험 및 리포트	45%(기말고사는 전체의 10%)
쪽지 시험	20%
과제물	25%
노력 점수	10%

3. 노력 점수

◦ 학생의 수업 참여도와 수업준비 여부를 플러스(+), 체크(V), 마이너스(−)로 평가하여 노력 점수로 변환합니다.

◦ 점수는 아래의 사항을 기준으로 평가합니다.

수업준비물	준비 여부 체크
구멍 3개 뚫린 3공 파일과 색인 디바이더, 여분의 용지	
검정색 또는 파란색 잉크 펜	
어휘 책(수업시간에 나눠 줌)	
주석 표시용 형광펜 및 포스트잇	

4. 과제물 점수

◦ 과제물 점수 평가 기준은 아래와 같습니다.

	과제 수행 정도	참여도 & 준비 여부
매우 잘함	과제물 완수 100%	매우 적극적으로 수업활동 참여
잘함	과제물 완수 80%	대체적으로 수업활동 참여
만족	과제물 완수 70%	가끔 수업활동 참여
나쁨	과제물 완수 60%	드물게 수업활동 참여
낙제	과제물 완수 50% 이하	부적절한 행위를 하며 수업활동을 훼방 놓음

5. 최종 성적 채점 방식

◦ 노력 점수와 과제물 점수를 합하여 평균을 낸 다음, 그 점수를 학기 성적에 반영하여 최종 점수를 냅니다.

6. 참고사항

◦ 위에서 설명한 성적 채점 방식과 교실규칙, 규칙 위반 시의 후속조치는 어떠한 경우에도 모든 학생에게 공평하게 적용됩니다.

5장

학부모(보호자) 연락처 문서화하기

학생들을 가르치다 보면 성적에 관한 것뿐 아니라 여타의 일로 부모님에게 연락할 일이 생겨요. 학생 별로 서류철을 만들어 부모님에게 연락한 내용이나 면담한 내용을 기록하세요.

❖ 진행방법

1. 나는 학년 초 둘째 날에 부모님들이 내 이메일 계정으로 '안녕하세요?'와 같은 짧은 글을 보내도록 학생들에게 도움을 요청해요. 그리고 부모님(또는 기타 보호자)의 이메일 주소를 컴퓨터에 저장하여 학부모 연락처를 만들어요.

2. 각 가정에 짧은 안내문을 보낼 때는 저장해둔 부모님의 이메일 주소를 활용해요.

3. 부모님에게 연락하거나 면담한 내용은 학생 별로 서류철을 만들어 면담 날짜, 주제, 제안한 내용 등을 기록해요. 부모님에게 보낸 자료가 있다면 복사본도 함께 보관해요.

〈학부모(보호자) 면담 기록지〉 양식

학생 이름		연락한 날짜		
부모(보호자) 이름				
연락처	집 주소			
	휴대전화		이메일	
연락 방법	이메일 ☐ 전화 ☐ 편지 ☐ 상담 ☐			
면담 내용				

6장

<직업 세계에서의 글쓰기> 활동 안내

이 활동은 학생들에게 자신의 글쓰기 실력을 갈고 닦는 데 동기를 부여할 뿐 아니라 미래 직업 목표에 대해 구체적으로 생각해보는 계기를 마련해줘요. 여러분의 수업에도 활용해보세요.

❖ 진행방법

1. 학생들에게 평소 흥미를 느끼는 직종에 종사하는 사람을 찾아보게 하세요.

2. 연락하기 전에 먼저 해당 직업에 대해 추측해보게 하세요.

3. 그분을 만나 해당 직업에 종사하려면 어떤 자격요건과 훈련이 필요한지 인터뷰하게 하세요. 이메일이나 전화로 인터뷰해도 괜찮아요.

4. 실제 직장에서 사용하는 글쓰기 견본이 있다면 요청하게 하세요. 그리고 그 견본을 가져와서 수업시간에 반 친구들과 공유하게 하세요.

〈직업 세계에서의 글쓰기〉 과제 양식

학생 이름 _____

1. 미래에 직업을 갖는다면 어떤 방식으로 일하고 싶은지 생각해보세요.(ex. 실내작업 / 실외작업, 문서작업 / 신체작업, 협동작업 / 단독작업 등)

2. 관심 있는 직업에 종사하는 사람을 찾았나요? 인터뷰를 진행하기 전에 먼저 그 직업에 대해 예측해보세요.

◦ 직업 명

◦ 예측한 내용

3. 인터뷰를 진행할 때 아래의 질문을 하여 여러분이 예측한 내용이 얼마나 맞았는지 확인해보세요.

◦ 업무 내용

◦ 좋은 점(보수와 직업 만족도 둘 다 생각하기)

◦ 근무 자격을 얻는 데 필요한 훈련 유형:

◦ 근무 조건(환경):

◦ 이 직업에서 요구하는 글의 유형:

7장

글쓰기 제시 문장 활용법

제시 문장에는 상상력을 발휘해야 하거나 자기주장을 펼쳐야 하는 주제가 담겨 있어요. 그래서 제시 문장을 활용한 글쓰기는 학생의 생각이나 가치관에 대해 많은 것을 알 수 있게 해줘요.

❖ 진행방법

1. 평소 학생들이 재미있게 토론한 주제나 학생들 사이에서 논쟁이 벌어졌던 사안, 또는 학생이 자신의 가치나 신념을 드러냈던 주제 등을 모아 다양한 제시 문장을 미리 만들어 두세요.

2. 글쓰기를 할 때 여러 가지 제시문장을 학생들에게 주고, 그중에서 마음에 드는 문장을 골라 거기에 맞게 글을 쓰게 하세요.

3. 제시 문장을 활용해 학생들과 함께 토론을 진행해도 좋아요.

글쓰기 제시 문장 예시

1. 아래에 제시된 글 중 하나를 골라 자신의 생각을 써보세요.

◦ 진실을 말하는 게 항상 최선일까요? 이유는?

◦ '영웅'이라는 낱말을 떠올릴 때 생각나는 사람은? 이유는?

◦ 가족과 친구 중에 어느 한쪽을 선택해야만 한다면 당신은 누구를 선택할 건가요? 이유는?

◦ 나를 알고 사랑해주는 사람들이 나를 자랑스럽게 여기면 자신감이 높아져요. 그 사람들에게는 내 모습을 있는 그대로 보여줘도 마음이 편안해요. 그럴 때 우리는 삶을 잘 헤쳐나갈 수 있어요. 자신감이 최고조로 충만해있는 나 자신을 묘사해보세요. 그때 내 행동은 어떻게 바뀌나요? 또 어떤 장소에서, 무엇을 하며, 누구와 함께 있는지 써보세요.

◦ 반대로 자신감이 바닥나있는 나 자신의 모습을 묘사해보세요. 자신감이 바닥났을 때는 행동이 어떻게 바뀌나요? 어떤 장소에 있고, 무엇을 하며, 누구와 함께 있는지 써보세요.

◦ 신화학자 조셉 캠벨은 질문합니다. "지금 당신은 무슨 생각을 골똘히 하고 있나요?" 이 질문을 염두에 두고 컴퓨터나 텔레비전 화면 또는 벽에서 무엇이 보이고 어떤 소리가 들리는지 상상한 것을 적어보세요.

2. 아래에 있는 명언에 동의하나요? 아니면 동의하지 않나요?

◦ 사람들은 내가 나 자신을 대하는 그대로 나를 대한다.(마틴 루트)

◦ 선량한 사람들의 방관이 악을 번성케 한다.(에드먼드 버크)

◦ 단지 내가 할 수 있다고 해서 반드시 그 일을 해야 하는 건 아니다.(익명)

◦ 사람들은 보고 싶은 것만 본다.(랄프 왈도 에머슨)

◦ 인간의 정신은 고유한 자신만의 거처를 가지고 있다. 그곳에서 지옥은 천국으로, 천국은 지옥으로 바뀔 수 있다.(존 밀턴)

◦ 인생의 가장 큰 기쁨은, 사람들이 내가 할 수 없다고 말하는 것을 해내는 일이다 (월터 배젓)

◦ 사람들은 세상에 대한 자신의 견해가 곧 자기 인격의 고백이라는 사실을 잘 모르는 것 같다.(랄프 왈도 에머슨)

◦ 삶은 그 사람이 가진 용기에 비례해서 도약하거나 움츠러든다.(아나이스 닌)

◦ "지식이 없는 선함은 나약하고, 선함이 없는 지식은 위험하다. 그러나 지식과 선함이 결합하면 숭고한 인격을 형성해 인류에게 유용한 최고의 토대가 되어준다.(존 필립)

<미래 직업 목록 만들기> 활동 안내

학생들이 현재보다는 미래를 꿈꾸고 만들어나가도록 격려해주세요. 이 활동으로 미래에 어떤 직업을 갖고 싶은지 생각해보고, 탐색하는 기회를 마련해주세요.

❖ **진행방법**

1. 직업 목록이 인쇄된 종이를 학생들에게 나누어준 다음, 그중에서 가장 흥미를 끄는 직업을 모두 적어내게 하세요(이 인쇄물은 인터넷에서 구할 수 있어요).

2. 커다란 보드지에 학생들이 써낸 직업을 예술, 운동선수, 경찰, 컴퓨터 프로그래머 등 직군별로 적어서 <미래 직업 목록>을 만드세요. 그리고 그 목록을 교실 칠판 위에 붙이세요.

3. 수업을 하면서 목록에 있는 학생들의 미래 직업 목표를 자주 언급해주세요.

4. 새로운 직업에 대해 배울 때마다 학생들이 다른 직업으로 자유롭게 자신의 이름을 옮기거나 덧붙이게 해주세요.

〈미래 직업 목록 만들기〉 예시

조종사
빌
엘사

의사
메이슨
에단
레이몬드

컴퓨터 프로그래머
메간
테일러

프로 스포츠 선수
농구 : 댄
　　　조시
　　　팰리샤
야구 : 더그
축구 : 마크
　　　클레어
　　　오스틴
페인트 볼 : 벤
　　　　　시몬
골프 : 캠

음악가
린다
조엘

경찰
민기
엠마
빅터

코미디언
수지
윌

수의사
실비

무용수
캐서린
존

요리사
델라

예술/디자인
제니
패트릭

교사/교수
코넬리아
리

작가
신시아
에이미

배우
애나
도로시아

변호사
케이시
딕

정치가
브랜든
마리아
찰스

'화'를 주제로 한 독후활동 안내

'화'에 관한 가장 좋은 읽을거리는 소설이에요. 아래에 토비아스 울프가 쓴 회고록《이 소년의 생애(This Boy's Life)》를 읽고 진행한 활동을 소개해두었으니 참고하세요.

❖ **진행방법**

1. 줄거리를 소개하자면, 작가는 어린 시절에 증오의 대상인 새 아버지와 몇 년간 함께 살아요. 오랜 세월이 흐른 어느 날, 작가는 자녀들에게 몹시 화가 난 나머지 자기도 모르게 새아버지의 입 속에서 튀어나오던 충격적인 말을 자녀들에게 똑같이 퍼붓고 말아요. 작가는 그런 자신의 모습에 큰 충격을 받아요.

2. 이 활동을 할 때 내가 사용하는 활동지가 두 장 있어요. 첫 번째는 독후활동지로, 학생들에게 작가 토비아스와 새아버지가 어떤 점이 닮았는지 생각해보고 토론할 수 있게 해줘요.

3. 두 번째는 독후과제로, 토론을 마친 후 학생들에게 자신의 성격에 대해 탐색해보게 해요. 그리고 그 생각을 글로 쓰게 해요.

독후 활동지 예시

《이 소년의 생애(This Boy's Life)》를 읽고 느낀 점을 바탕으로 아래의 활동을 진행해보세요.

1. 토비아스의 성격을 묘사하는 형용사를 다섯 개 쓰세요.

　　○ _____
　　○ _____
　　○ _____
　　○ _____
　　○ _____

2. 새아버지의 성격을 묘사하는 형용사를 다섯 개 쓰세요.

　　○ _____
　　○ _____
　　○ _____
　　○ _____
　　○ _____

3. 두 인물의 성격에서 공통점을 찾아 해당하는 형용사에 동그라미 표시를 하세요.

4. 토비아스와 새아버지의 성격에서 다른 점을 찾아보세요. 그리고 어떻게 해서 토비아스가 새아버지의 문제해결 방식을 그대로 따라하게 되었는지에 대해 토론해보세요.

5. 마지막으로, 토론한 내용을 바탕으로 에세이를 쓰세요.

독후 과제 예시

학생 이름 _____

《이 소년의 생애(This Boy's Life)》를 읽고 토론한 내용을 바탕으로 각자 <내 성격 탐색하기> 활동을 진행해보세요.

1. 나의 성격을 묘사하는 형용사를 다섯 개 쓰세요.

   ° _____
   ° _____
   ° _____
   ° _____
   ° _____

2. 가까운 사람 중에 대하기가 아주 까다로운 사람을 떠올려보세요. 그 사람의 성격을 묘사하는 형용사를 다섯 개 쓰세요.

   ° _____
   ° _____
   ° _____
   ° _____
   ° _____

3. 그 사람과 나의 성격에서 공통점을 찾아 해당하는 형용사에 동그라미 표시를 하세요. 그리고 작문노트에 그 사람과 나의 성격 중 공통점과 다른 점이 무엇인지에 대해 글을 써보세요.

9장

<CD 만들기> 활동 안내

누구에게나 행복했던 순간과 불행했던 순간이 있어요. 이제 여러분의 삶을 되돌아보는 시간을 가진 뒤 친구들 앞에서 소개할 거예요. 먼저 아래에 따라 <내 인생의 노래를 담은 CD>를 만들어보세요.

❖ 진행방법

1. 내 인생의 노래를 찾아 가수와 노래 목록을 만드세요. 그런 다음 그 곡을 담을 CD 재킷을 디자인하세요. 앞면은 원하는 대로 꾸미고 뒷면에는 가수와 노래 목록을 만들어 넣으세요.

2. 노래에 담긴 사연을 직접 써서 해설서를 만드세요(CD 만들기는 글쓰기 과제이므로 맞춤법에 유의하세요).

3. CD로 자서전을 만들어도 좋아요. 타이틀 페이지, 목차, 머리말을 디자인하세요. 삽화나 사진을 곁들여도 좋아요.

4. 채점 기준은 다음과 같아요.

독창성	50점
세부 사항에 기울인 노력 및 꼼꼼한 정도	30점
표현력	20점

10장

<과제 평가 기준표> 만들기

~~~~~~~~~

평가 기준을 문서화하세요. 어떠한 경우에도 모든 학생에게 공정하게 적용하여 학생이 최선을 다하는 것에 교사가 진심으로 관심을 기울이고 있다는 믿음을 주세요.

❖ 진행방법

1. 평가 기준을 정하세요. 예를 들어 과제의 완성도를 기준으로 삼을 것인지, 아니면 학생의 역량 발전 정도를 기준으로 삼을 것인지 결정하세요.

2. 평가 항목을 나누고 각 항목의 배당 점수를 결정하여 <과제 평가 기준표>로 만드세요.

3. <과제 평가 기준표>를 학생들에게 나눠주고 A부터 F까지 어떻게 성적이 매겨지는지 알 수 있게 해주세요.

〈글쓰기 과제 평가 기준표〉 양식

학생 이름 _____

평가 항목	배당 점수	실제 점수
도입부의 설득력	5	
주제문의 명료함	10	
효과적인 구성	15	
자연스러운 글의 흐름	10	
부가 정보의 효과적 사용	25	
효과적인 결론	5	
에세이 제시문 사용의 적합성	10	
문법 및 어법 오류 (명료한 언어 구사 능력)	20	
총점	100	

교사 의견

참고 문헌

Berne, E. (1961). *Transactional analysis in psychotherapy: A systematic individual and social psychiatry.* New York: Grove Press.

Berne, E. (1964). *Games people play: The psychology of human relationships.* New York: Grove Press.

Caine, R., & Caine, G. (1991). *Making connections: Teaching and the human brain. Alexandria,* VA: Association for Supervision and Curriculum Development.

Ernst, K. (1972). *Games students play (and what to do about them).* Millbrae, CA: Celestial Arts.

Jensen, E. (2000). *Brain-based learning: The new science of teaching and training (Revised ed.).* Thousand Oaks, CA; Corwin Press.

Kilbourne, J., & Koehmstedt, S. (1997). *Looking beyond expectations.* Oracle, AZ: Birdworks.

Levendron, S. (1998). *Cutting: Understanding and overcoming self-mutilation.* New York: Norton.

Macrorie, K. (1970). *Uptaught.* New York: Hayden Book.

Parini, J. (2005). *The art of teaching.* Oxford, UK: University Press.

Rosenblum-Lowden, R. (2000). *You have to go to school-you're the teacher!* Thousand Oaks, CA: Corwin Press.

Sizer, T., & Sizer, N. (1999). *The students are watching.* Boston: Beacon Press.

Stern, D. (1995). *Teaching English so it matters.* Thousand Oaks, CA: Corwin Press.

Walsh, D. (2004). *Why do they act that way? A survival guide to the adolescent brain for you and your teen.* New York: Simon & Schuster.

Ward, C. (2006). *How writers grow: A guide for middle school teachers.* Portsmouth, NH: Heinemann.

Wormeli, R. (2006). *Fair isn't always equal: Assessing and grading in the differentiated classroom.* Portland, ME: Stenhouse.

Young, S. (2002). *Great failures of the extremely successful.* Los Angeles: Tallfellow Press.

Zemelman, S., & Daniels, H. (1988). *A community of writers.* Portsmouth, NH: Heinemann.

The Ten Students You'll Meet in Your Classroom
: Classroom Management Tips for Middle and High School Teachers by Vickie Gill
Copyright ⓒ 2007 Corwin Press, USA

Korean Translation copyright ⓒ 2017, Hanulim Publishing Co., Ltd. All rights reserved.
This Korea edition is published by arrangement with Corwin Press, USA(SAGE Publication Ltd, UK)
through Bookmaru Korea literary agency in Seoul.

이 책의 한국어판 저작권은 북마루코리아를 통해 Corwin Press, USA(SAGE Publication Ltd, UK)와의
독점계약으로 ㈜도서출판 한울림이 소유합니다.
신저작권법에 의하여 한국 내에서 보호를 받는 저작물이므로 무단 전재와 복제를 금합니다.

교사를 당황하게 하는 학생들

교실 갈등을 해결하는 긍정훈육

글쓴이 | 비키 길   옮긴이 | 박은숙
펴낸이 | 곽미순   편집 | 윤도경   디자인 | 김윤희

펴낸곳 | 한울림   기획 | 이미혜   편집 | 윤도경 윤소라 이은파 박미화 김주연   디자인 | 김민서 이순영
마케팅 | 공태훈 윤재영   경영지원 | 김영석
등록 | 1980년 2월 13일(제2008-000016호)
주소 | 서울특별시 마포구 희우정로16길 21
대표전화 | 02-2635-1400   팩스 | 02-2635-1415
홈페이지 | www.inbumo.com   블로그 | blog.naver.com/hanulimkids
페이스북 | www.facebook.com/hanulim   인스타그램 | www.instagram.com/hanulimkids

첫판 1쇄 펴낸날 | 2017년 2월 3일   3쇄 펴낸날 | 2021년 11월 26일
ISBN 978-89-5827-113-0 03370

＊한울림스페셜은 ㈜도서출판 한울림의 장애 관련 도서 브랜드입니다.
＊잘못 만들어진 책은 바꾸어 드립니다.